Einigungsstelle

Einleitung

Die Funktionsweise und die Frage der Kostentragung der Einigungsstelle sind im Betriebsverfassungsgesetz in lediglich zwei Paragraphen geregelt. Gleichwohl ist die Einigungsstelle mit das wichtigste Instrument, betriebliche Meinungsverschiedenheiten beizulegen und eine Lösung für die betrieblichen Regelungstatbestände zu finden. Es ist daher mehr als verständlich, dass sowohl die Aufgaben als auch die Zuständigkeiten der Einigungsstelle von den Betriebsparteien oft missverstanden werden.

Nicht selten „droht" eine Betriebspartei mit der Anrufung der Einigungsstelle, obwohl diese gar nicht zuständig ist. Ebenso oft wird im Rahmen des Aufbaus dieses Drohszenarios verkannt, dass in der Einigungsstelle eine Regelung gefunden werden kann, die ganz und gar nicht dem Willen der drohenden Betriebsparteien entspricht. Neben der Frage, wie das Ergebnis der Einigungsstelle inhaltlich gestaltet wird, ist für die Betriebsparteien ebenso wichtig zu wissen, wie die Einigungsstelle „funktioniert" und welche Spielregeln es im Rahmen der Einigungsstelle von den beteiligten Parteien zu beachten gilt. In diesem Werk sollen daher die formellen Voraussetzungen zur Anrufung der Einigungsstelle, ausgewählte Fragen im Rahmen der Mitbestimmung sowie die wichtigsten Verhandlungsfragen und taktischen Überlegungen besprochen werden.

Zur besseren Lesbarkeit wurde im Folgenden auf ein Gendering verzichtet: Alle Formulierungen erfassen stets alle Geschlechter.

Die Autoren

Wolfgang Kühne
Rechtsanwalt in München. Studium in München, Kanzleigründung von Kühne & Kollegen. Vertretung von Betriebsräten, Gesamt- und Konzernbetriebsräten und Arbeitnehmern.
Tätigkeit im kollektiven und individuellen Arbeitsrecht, Einigungsstellenverfahren, regelmäßige Schulungen und Workshops für Betriebsräte, ua für bekannte Seminar- und Fortbildungsanbieter.

Sören Meyer
Rechtsanwalt in München. Studium in Würzburg, Mitarbeiter bei Kühne & Kollegen. Vertretung von Betriebsräten, Gesamt- und Konzernbetriebsräten und Arbeitnehmern.
Tätigkeit im kollektiven und individuellen Arbeitsrecht, Schwerbehindertenvertretung, regelmäßige Schulungen und Workshops für Betriebsräte, ua für bekannte Seminar- und Fortbildungsanbieter.

www.rkuk.de

Inhaltsübersicht

Der Inhalt der 3. Auflage entspricht dem Inhalt der Online-Edition 28/2022

www.betriebsrat-plus.beck.de
www.vahlen.de

ISBN 978 3 8006 6983 7

Wilhelmstraße 9, 80801 München
Druck und Bindung: Himmer GmbH
Steinerne Furt 95, 86167 Augsburg

Redaktion: Claudia Schöberl, M. A., Verlag Franz Vahlen GmbH, München

Satz: Druckerei C.H.Beck, Nördlingen

Umschlaggestaltung: Martina Busch, Grafikdesign, Homburg Saar

CO_2 neutral
vahlen.de/nachhaltig

Gedruckt auf säurefreiem, alterungsbeständigem Papier
(hergestellt aus chlorfrei gebleichtem Zellstoff)

I. Grundverständnis zur Einigungsstelle

Nicht selten wissen die Betriebsparteien nicht, wie die Institution der Einigungsstelle einzuordnen ist, wer sich an die Einigungsstelle wenden kann und was überhaupt in den Zuständigkeitsbereich der Einigungsstelle fällt. In diesem Kapitel werden daher die Grundfragen rund um die Einigungsstelle behandelt.

1. Was ist Sinn und Zweck der Einigungsstelle?

Sinn und Zweck der Einigungsstelle ist es, im Rahmen des Verfahrens vor der Einigungsstelle betriebliche **Meinungsverschiedenheiten einvernehmlich beizulegen.** Sollte dies nicht gelingen, sieht das Gesetz in den Fällen der erzwingbaren Mitbestimmung oder nach vorheriger Vereinbarung durch die Betriebsparteien eine Entscheidung durch einen sog. Spruch vor, der beide Betriebsparteien bindet.

2. Ist die Einigungsstelle eine Dauereinrichtung des Arbeitsgerichts?

Nein, die Einigungsstelle ist keine Dauereinrichtung oder sonstige Institution der Arbeitsgerichte. Die Einigungsstelle wird jeweils in der Regel nur **nach Bedarf** gebildet. Durch Betriebsvereinbarung kann jedoch eine dauerhafte Einigungsstelle gebildet werden.

Praxistipp

Gerade bei dauernden Streitigkeiten über die Erstellung von Dienstplänen oder die Anordnung von Überstunden hat es sich in der Praxis bewährt, zunächst eine dauerhafte Einigungsstelle zu bilden, um den vertrauensvollen Umgang miteinander und das Treffen sachgerechter Entscheidungen zu lernen.

3. Steht die Einigungsstelle im Telefonbuch?

Nein, die Einigungsstelle steht nicht im Telefonbuch, da es keine „Dauereinrichtung“ im Sinne einer festen Institution gibt.

Praxistipp

Lassen Sie sich von dem Begriff „Anrufen der Einigungsstelle“ nicht fehlleiten. Dies ist nicht technisch im Sinne eines Telefons gemeint. „Anrufen“ bedeutet vielmehr, dass die sich die Betriebsparteien über die bedarfsweise Gründung der Einigungsstelle und die Person des Vorsitzenden der Einigungsstelle absprechen. Wenn sich die Betriebsparteien auf eine Person als Vorsitzenden geeinigt haben, wird bei diesem angefragt, ob er bereit wäre, den Vorsitz der Einigungsstelle zu übernehmen. Diese Anfrage wird in der Praxis oftmals als „Anrufen“ bezeichnet.

4. Kann jeder die Einigungsstelle anrufen?

Nein, die Einigungsstelle kann nur von den sog. **Betriebspartnern** angerufen werden, dies sind der Arbeitgeber, der Betriebsrat, der Gesamtbetriebsrat und der Konzernbetriebsrat. Eine Gewerkschaft oder einzelne Arbeitnehmer können die Einigungsstelle nicht anrufen.

5. Kann eine Einigungsstelle dauerhaft eingerichtet werden?

Ja, dies ist im Wege einer Regelung durch freiwillige Betriebsvereinbarung möglich.

→ *Muster 1: Dauerhafte Einigungsstelle*

6. Wo ist eine dauerhafte Einrichtung einer Einigungsstelle sinnvoll?

Eine dauerhafte Einrichtung ist sinnvoll bei Sachverhalten, die zu kontinuierlichen Meinungsverschiedenheiten führen, wie zB bei Dienstplanregelungen, Mehrarbeitsregelungen, komplexen EDV-Systemen und deren Anwendung.

7. Kann auch der Gesamtbetriebsrat oder der Konzernbetriebsrat die Einigungsstelle anrufen?

Ja, auch der Gesamtbetriebsrat oder der Konzernbetriebsrat **können** die Einigungsstelle **anrufen.** Voraussetzung ist dabei jedoch, dass der Regelungsgegenstand in den Zuständigkeitsbereich des Gesamtbetriebsrats bzw. des Konzernbetriebsrats fällt. Diese sind in § 50 BetrVG bzw. § 58 BetrVG geregelt. Es muss sich also entweder um eine Angelegenheit handeln, die zwingendermaßen einheitlich im Unternehmen bzw. im Konzern geregelt werden muss, oder aber der Gesamtbetriebsrat bzw. Konzernbetriebsrat handelt aufgrund eines Übertragungsbeschlusses.

Praxistipp

Es kommt nicht selten vor, dass der Arbeitgeber mit dem Gesamtbetriebsrat bzw. Konzernbetriebsrat in einer Angelegenheit verhandelt, die eigentlich nicht in den Zuständigkeitsbereich dieser Gremien fällt. Dies ist beispielsweise für eine Betriebsvereinbarung mit dem Regelungsgegenstand „Zeiterfassungssystem" durchaus kritisch zu beleuchten. Soweit ein Einigungsstellenverfahren eingeleitet wird, ist es Aufgabe der Einigungsstelle, gleich zu Beginn ihre Zuständigkeit festzustellen. Im Rahmen dieser Prüfung muss dann erörtert werden, ob der Gesamtbetriebsrat bzw. Konzernbetriebsrat für den Abschluss des Regelungsgegenstandes zuständig ist oder nicht. Gleichwohl wird diese Situation von den örtlichen Betriebsräten oftmals als misslich empfunden, da diese im Einigungsstellenverfahren Arbeitgeber – Gesamtbetriebsrat/Konzernbetriebsrat nicht beteiligt sind. Der örtliche Betriebsrat sollte sich vor Augen halten, dass es ihm ebenso freisteht, in der gleichen Angelegenheit (Beispiel oben Betriebsvereinbarung „Zeiterfassungssystem") die Einigungsstelle anzurufen. Auch dort muss über die Zuständigkeit entschieden werden. Droht eine solche Konstellation, sollte der örtliche Betriebsrat sich auf jeden Fall anwaltlich beraten lassen.

8. Kann zu allen betrieblichen Meinungsverschiedenheiten die Einigungsstelle erzwingbar angerufen werden?

Nein, die Einigungsstelle kann nicht bei allen betrieblichen Meinungsverschiedenheiten erzwingbar angerufen werden. Dies ist nur möglich, wenn das **Gesetz** dies **ausdrücklich vorsieht.** Diese Fälle werden als die Angelegenheiten der erzwingbaren Mitbestimmung bezeichnet.

Praxistipp

Weder Betriebsrat noch Arbeitgeber sollten somit bei jeder betrieblichen Meinungsverschiedenheit mit der Einigungsstelle drohen. Prüfen Sie vielmehr vorab, ob die vorliegende Meinungsverschiedenheit überhaupt in den Zuständigkeitsbereich der Einigungsstelle fällt.

9. In welchen Fällen kann die Anrufung der Einigungsstelle erzwungen werden?

Die Einigungsstelle kann **in nachstehenden Fällen** erzwingbar angerufen werden:

Gesetzliche Grundlage	Gegenstand des Einigungsstellenverfahrens
§ 37 Abs. 6, 7 BetrVG	Ausreichende Berücksichtigung der betrieblichen Belange bei der Durchführung von Schulungsmaßnahmen des Betriebsrats (Besonderheit: Nur der Arbeitgeber kann hier die Einigungsstelle anrufen).
§ 38 Abs. 2 BetrVG	Sachliche Vertretbarkeit der durch den Betriebsrat beschlossenen Freistellung von Betriebsratsmitgliedern (Besonderheit: Nur der Arbeitgeber kann hier die Einigungsstelle anrufen).
§ 39 Abs. 1 BetrVG	Festlegung von Zeit und Ort der Sprechstunden des Betriebsrats.
§ 69 Abs. 1 BetrVG	Festlegung von Zeit und Ort der Sprechstunden der Jugend- und Auszubildendenvertretung.
§ 47 Abs. 6 BetrVG	Vereinbarung über die Herabsetzung der Anzahl der Mitglieder des Gesamtbetriebsrats. Besonderheit: Die Einigungsstelle kann nur vom Arbeitgeber und Gesamtbetriebsrat angerufen werden, nicht vom örtlichen Betriebsrat. Dies gilt jeweils entsprechend für den Konzernbetriebsrat bzw. die Gesamtjugend- und Auszubildendenvertretung.
§ 55 Abs. 4 BetrVG	Vereinbarung über die Herabsetzung der Anzahl der Mitglieder des Konzernbetriebsrats. Besonderheit: Die Einigungsstelle kann nur vom Arbeitgeber und Konzernbetriebsrat angerufen werden, nicht vom örtlichen Betriebsrat.
§ 72 Abs. 6 BetrVG	Vereinbarung über die Anzahl der Gesamt-JAV-Mitglieder, wenn der Gesamt-Jugend- und Auszubildendenvertretung mehr als zwanzig Mitglieder angehören und keine tarifliche Regelung besteht.
§ 85 Abs. 2 BetrVG	Entscheidung über die Berechtigung der Beschwerde eines Arbeitnehmers. Besonderheit: Nur der Betriebsrat kann die Einigungsstelle anrufen.
§ 87 Abs. 1, 2 BetrVG	Mitbestimmungstatbestände in sozialen Angelegenheiten.
§ 91 BetrVG	Ausgleichsmaßnahmen zu Gunsten der Arbeitnehmer bei Änderungen der Arbeitsplätze, des Arbeitsablaufs oder der Arbeitsumgebung, die den gesicherten arbeitswissenschaftlichen Erkenntnissen über die menschengerechte Gestaltung der Arbeit offensichtlich widersprechen.
§ 94 Abs. 1, 2 BetrVG	Mitbestimmung über Personalfragebögen, über persönliche Angaben in schriftlichen Arbeitsverträgen, die allgemein für den Betrieb verwendet werden sollen, sowie für die Aufstellung allgemeiner Beurteilungsgrundsätze.
§ 95 Abs. 1, 2 BetrVG	Richtlinien über die personelle Auswahl bei Einstellungen, Versetzungen, Umgruppierungen und Kündigungen. Besonderheit: In Betrieben mit weniger als 501 Arbeitnehmern ist die Einführung von

	Richtlinien durch den Betriebsrat nicht erzwingbar, nur der Arbeitgeber kann die Einigungsstelle anrufen.
§ 97 Abs. 2 BetrVG	Einführung von Maßnahmen der betrieblichen Bildung, wenn der Arbeitgeber Maßnahmen geplant oder durchgeführt hat, die dazu führen, dass sich die Tätigkeit der betroffenen Arbeitnehmer ändert und ihre beruflichen Kenntnisse und Fähigkeiten zur Erfüllung ihrer Aufgaben nicht mehr ausreichen.
§ 98 Abs. 3, 4 BetrVG	Mitbestimmung bei betrieblichen Bildungsmaßnahmen und der Auswahl der Teilnehmer. Besonderheit: Meinungsverschiedenheiten über die Person des Ausbilders/Trainers werden vor dem Arbeitsgericht ausgetragen, nicht vor der Einigungsstelle.
§ 102 Abs. 6 BetrVG	Erteilung der Zustimmung des Betriebsrats zu einer Kündigung, wenn das Zustimmungserfordernis zuvor in einer Betriebsvereinbarung festgehalten wurde.
§ 109 BetrVG	Reichweite der Verpflichtung des Arbeitgebers zur Information des Wirtschaftsausschusses.
§ 112 Abs. 4 BetrVG	Aufstellung eines Interessenausgleichs und eines Sozialplans.
§ 9 Abs. 3 ASiG	Bestellung und Abberufung der Betriebsärzte und Fachkräfte für Arbeitssicherheit sowie die Erweiterung und Einschränkung ihrer Aufgaben.

10. Gibt es Sachverhalte, wo nur der Arbeitgeber die Einigungsstelle anrufen kann?

Ja, in den folgenden Fällen sieht das Gesetz vor, dass **nur der Arbeitgeber** die Einigungsstelle anrufen kann:

Norm	Gegenstand der Einigungsstelle
§ 37 Abs. 6, 7 BetrVG	Berücksichtigung der betrieblichen Belange bei der Planung von Betriebsratsschulungen.
§ 38 Abs. 2 BetrVG	Sachliche Vertretbarkeit von Freistellungen.
§ 95 Abs. 1 BetrVG	Der Inhalt von Auswahlrichtlinien in Betrieben mit weniger als 501 Arbeitnehmern.

11. Kann es auch außerhalb der erzwingbaren Mitbestimmung eine Einigungsstelle geben?

Ja, auch außerhalb der erzwingbaren Mitbestimmung kann es ein freiwilliges Einigungsstellenverfahren über **alle Angelegenheiten** geben, die in den **Zuständigkeitsbereich des Betriebsrats** fallen und über die die Betriebsparteien eine Regelung treffen können (verfügungsbefugt sind).

Beispiel

Regelung von Meinungsverschiedenheiten bei den allgemeinen Aufgaben des Betriebsrats, Regelung des Beschwerdeverfahrens (§ 86 BetrVG) oder über die weiteren sozialen Angelegenheiten des § 88 BetrVG.

Freiwillig bedeutet dabei, dass beide Betriebsparteien sich über die Anrufung der Einigungsstelle einig sein müssen, keine von beiden Parteien kann die Anrufung und damit Bildung der Einigungsstelle erzwingen.

Praxistipp

Jede Betriebspartei kann ihr Einverständnis über die Durchführung einer freiwilligen Einigungsstelle jederzeit widerrufen, das Verfahren kommt damit dann zu erliegen. Gerade wenn die Einigungsstelle in eine vollkommen falsche Richtung „läuft", sollte über diese Option nachgedacht werden.

12. Kann die Zuständigkeit der Einigungsstelle auch in einer Betriebsvereinbarung vereinbart werden?

Ja, das ist möglich. In der Praxis wird dies über eine sog. **Konfliktklausel** in einer Betriebsvereinbarung gelöst. Wenn eine solche Vereinbarung getroffen wurde, kann das Einverständnis zur Verhandlung vor der Einigungsstelle in einer freiwilligen Angelegenheit nicht widerrufen werden, solange die Betriebsvereinbarung besteht.

Beispiel

Soweit sich die Parteien bei der Durchführung der Regelungen einer Betriebsvereinbarung nicht einigen können bzw. eine der Parteien ihre Zustimmung verweigert sowie bei Auslegungsfragen über den Inhalt, die Regelungen und die Durchführung einer Betriebsvereinbarung zwischen dem Arbeitgeber und dem Betriebsrat entscheidet die Einigungsstelle auf Antrag einer der Betriebsparteien. Die Parteien sollten sich zudem vorab verbindlich dem Spruch der Einigungsstelle unterwerfen.

→ *Muster 2: Klausel in einer Betriebsvereinbarung*

13. Kann die Durchführung des Verfahrens vor der Einigungsstelle in einer Betriebsvereinbarung konkretisiert werden?

Ja, das ist möglich. Die Betriebsparteien können nähere **Einzelheiten** unter anderem **in folgenden Angelegenheiten** regeln:

- Zusammensetzung der Einigungsstelle
- Anzahl der externen Beisitzer
- Namen und Reihenfolge etwaiger Einigungsstellenvorsitzender
- Protokollführung
- Schriftform bei Anträgen
- Zwingende mündliche Verhandlung
- Ladungs- und Einlassungsfristen
- Regelungen über die Vernehmung von Zeugen oder Sachverständigen
- Regelungen über die Behandlung von Ablehnungsgesuchen und Terminabsprachen

Praxistipp

Hierbei dürfen aber die allgemeinen Grundsätze eines ordnungsgemäßen Verfahrens vor der Einigungsstelle nicht verletzt werden (BAG 17.9.2013 – 1 ABR 24/12).

→ *Muster 3: Vereinbarung über die Durchführung des Einigungsstellenverfahrens*

II. Fragen zu ausgewählten Mitbestimmungstatbeständen

Jeder Mitbestimmungstatbestand bringt im Rahmen der Verhandlungen in der Einigungsstelle seine Besonderheiten mit. Im Rahmen dieser Broschüre alle Mitbestimmungstatbestände und die jeweiligen Besonderheiten, die im Einigungsstellenverfahren zu beachten sind, zu besprechen, würde den Rahmen dieser Broschüre bei weitem sprengen. In dem nachfolgenden Kapitel werden daher die Fragen angesprochen, die im Rahmen der Mitbestimmungstatbestände regelmäßig auftauchen und somit die größte Praxisrelevanz besitzen. Die Betriebsparteien sind natürlich gut beraten, sich vor der Entscheidung, eine Einigungsstelle anzurufen, über die Besonderheiten des jeweiligen Mitbestimmungstatbestandes beraten zu lassen.

14. Kann bei einer tariflichen Öffnungsklausel der Abschluss einer Betriebsvereinbarung immer erzwungen werden?

Nein, **tarifvertragliche Öffnungsklauseln,** die vom Tarifvertrag abweichende Betriebsvereinbarungen zulassen, eröffnen den Betriebsparteien in der Regel nur das Recht zum Abschluss freiwilliger Betriebsvereinbarungen. Ein erzwingbares Mitbestimmungsrecht einer Betriebspartei besteht nur dann, wenn der zu regelnde Sachverhalt von Gesetzes wegen der erzwingbaren Mitbestimmung unterliegt oder der **Tarifvertrag** dies ausdrücklich vorsieht (BAG 23.2.2010 – 1 ABR 65/08).

15. Kann der Arbeitgeber die Einigungsstelle gem. § 37 Abs. 6, 7 BetrVG jederzeit anrufen?

Nein, das kann der Arbeitgeber nicht. Die Vorschrift des § 37 Abs. 6 BetrVG sieht zwar grundsätzlich keine Frist für den Arbeitgeber zur Anrufung der Einigungsstelle vor, jedoch wird aufgrund des Gebots der vertrauensvollen Zusammenarbeit vom Arbeitgeber verlangt, dass er **innerhalb von zwei Wochen** nach Bekanntgabe zB eines geplanten Schulungstermins die Einigungsstelle anruft.

Praxistipp

Wenn der Arbeitgeber dies nicht innerhalb von zwei Wochen vornimmt, ist er mit der Argumentation, betriebliche Belange seien nicht ausreichend berücksichtigt, abgeschnitten. Dies gilt aber nicht für weitere Einwendungen gegen eine Seminarteilnahme, insbes. kann der Arbeitgeber weiterhin vortragen, die Schulung sei inhaltlich nicht notwendig. Letzteres wird aber nicht von der Einigungsstelle, sondern vor dem Arbeitsgericht geklärt.

16. Kann ein Betriebsrat trotz laufenden Einigungsstellenverfahrens gem. § 37 Abs. 6, 7 BetrVG an der Schulung teilnehmen?

Nein, die rechtzeitige Anrufung der Einigungsstelle hat **aufschiebende Wirkung,** der Betriebsrat muss die Entsendung bis zur Klärung der Streitfrage zurückstellen. Ist eine rechtzeitige Klärung im Einigungsstellenverfahren nicht möglich, kann der Betriebsrat im einstweiligen Verfügungsverfahren die Schulungsteilnahme erwirken.

17. Sind Freistellungen unwirksam, wenn der Betriebsrat nicht mit dem Arbeitgeber zuvor beraten hat?

Nein, nach bisheriger Rechtsprechung führt diese **Obliegenheitspflicht** nicht zu einer Unwirksamkeit der Freistellung. Der Betriebsrat verletzt jedoch seine betriebsverfassungsrechtlichen Pflichten. Im Falle einer groben Pflichtverletzung kommt eine Amtsenthebung des Betriebsrats nach den Grundsätzen des § 23 Abs. 1 BetrVG in Betracht.

18. Kann die Einigungsstelle beschließen, wer gem. § 38 Abs. 1 BetrVG freigestellt ist?

Ja, hält die Einigungsstelle die **Entscheidung** des Betriebsrats für **nicht vertretbar,** hat sie **selbst** die freizustellenden Mitglieder des Betriebsrats zu bestimmen.

Praxistipp

Das Gesetz verlangt, dass die Entscheidung des Betriebsrats über die Personen der Freistellung „sachlich nicht vertretbar" ist. Dies ist eine sehr hohe Hürde für den Arbeitgeber. Die Einigungsstelle kann, wenn dies von einer Betriebspartei beantragt wird, durch einen Zwischenbeschluss feststellen, dass die Entscheidung des Betriebsrats sachlich nicht vertretbar ist (somit die Bedenken des Arbeitgebers berechtigt). Für diesen Fall sollte der Betriebsrat unverzüglich eine Nachwahl vornehmen, um einer negativen Entscheidung der Einigungsstelle zuvorzukommen.

19. Kann der Arbeitgeber die vom Betriebsrat gewählten Mitglieder hinsichtlich Freistellung gem. § 38 BetrVG ablehnen?

Ja, der Arbeitgeber kann **betriebliche Gründe** hinsichtlich der Freistellung eines Wunschkandidaten des Betriebsrats einwenden. Das Gesetz sieht auch ausdrücklich vor, dass vor der Festlegung der Freistellungen eine Beratung mit dem Arbeitgeber vorauszugehen hat. Dies ist zumindest eine Obliegenheit. Sollte keine Einigung zwischen den Betriebsparteien hinsichtlich der Freistellungen gefunden werden können, kann der Arbeitgeber innerhalb von zwei Wochen die Einigungsstelle anrufen.

20. In welcher Frist muss der Arbeitgeber bei Freistellungen die Einigungsstelle anrufen?

Der Arbeitgeber muss die Einigungsstelle **innerhalb von zwei Wochen** nach Bekanntgabe anrufen. Anderenfalls ist er mit seinen Einwendungen aus Rechtsgründen ausgeschlossen.

21. Kann der Betriebsrat bei einer berechtigten Beschwerde eines Arbeitnehmers gem. § 85 Abs. 2 BetrVG eine inhaltliche Regelung erzwingen?

Nein, die Einigungsstelle entscheidet über die Berechtigung der Beschwerde. Das bedeutet, dass keine inhaltliche Entscheidung getroffen wird, wie der Beschwerde abzuhelfen ist. Der Arbeitgeber hat zwar der Beschwerde abzuhelfen, wenn dies im Rahmen seiner Einflussmöglichkeiten liegt. Ein **konkreter Maßnahmenkatalog** wird ihm aber **nicht verbindlich** vorgegeben. Die Einigungsstelle wird aber aufzeigen müssen, was die vermeidbaren Beeinträchtigungen sind.

Praxistipp

Natürlich können die Betriebsparteien eine einvernehmliche Lösung für die Belange des Arbeitnehmers im Einigungsstellenverfahren vereinbaren. Erzwingbar durch einen Spruch ist aber nur die Frage, ob die Beschwerde berechtigt ist oder nicht und welche Maßnahmen als beeinträchtigend zu bewerten sind.

22. Wie präzise muss ein Spruch der Einigungsstelle im Verfahren nach § 85 BetrVG sein?

Aus dem Spruch der Einigungsstelle, mit dem diese die Beschwerde eines Arbeitnehmers für berechtigt erklärt, muss hervorgehen, welche **konkreten** tatsächlichen Umstände die Einigungsstelle als zu vermeidende Beeinträchtigung des Arbeitnehmers angesehen hat.

Anderenfalls kann der Arbeitgeber nicht erkennen, welchen Zustand er zu beseitigen oder künftig zu vermeiden hat. Ein in diesem Sinne nicht hinreichend bestimmter Spruch ist unwirksam (BAG 22.11.2005 – 1 ABR 50/04).

23. Muss eine Beschwerde im Einigungsstellenverfahren noch „aktuell" sein?

Ja, die Einigungsstelle ist nämlich nicht entscheidungsbefugt, wenn Arbeitgeber und Betriebsrat über die Berechtigung einer ausschließlich vergangenheitsbezogenen Beschwerde des Arbeitnehmers streiten. Zwar ist eine solche Beschwerde zulässig. Die Einigungsstelle kann aber bei einem Streit über die Berechtigung der Beschwerde vom Betriebsrat nicht angerufen werden. Dieser würde der in die Zukunft gerichtete Regelungsauftrag fehlen.

24. Was ist ein Rechtsanspruch iSd § 85 Abs. 2 BetrVG?

Rechtsansprüche sind zunächst die **Ansprüche** von Arbeitnehmern, die **in Gesetzen, Tarifvertrag, Betriebsvereinbarung** oder **individualvertraglichen Regelungen** festgeschrieben sind.

Beispiel

Der Arbeitnehmer beschwert sich, weil der Arbeitgeber den vereinbarten Lohn nicht zahlt, er beschwert sich, weil er eine Kündigung erhalten hat oder der Arbeitgeber den tariflichen Urlaub nicht gewährt.

Dasselbe gilt für Rechtsansprüche, die **von der Rechtsprechung entwickelt** und anerkannt sind.

Beispiel

Der Anspruch auf Rücknahme einer unberechtigten Abmahnung oder der Anspruch auf Gleichbehandlung.

Eindeutig **zuständig** ist dagegen die Einigungsstelle, soweit es um **rein tatsächliche Beschwerdegegenstände** geht, wie die ständige Zuweisung besonders schmutziger oder unangenehmer Arbeiten, die subjektiv empfundene Unwürdigkeit von Arbeiten oder Arbeitsüberlastung. Es besteht in der Literatur weitgehend Einigkeit darüber, dass Gegenstand der Beschwerde negative Belastungen jeglicher Art sein können. Als weitere Beispiele kommen in Betracht eine ständige Arbeitsüberlastung, ständige Eingriffe von Vorgesetzten in den Arbeitsbereich von Arbeitnehmern, unsachgemäße Kritik oder Kontrolle.

Praxistipp

Lassen Sie sich davon nicht abschrecken, der Zuständigkeitsbereich der Einigungsstelle im Rahmen des § 85 Abs. 2 BetrVG ist groß. Das Einigungsstellenverfahren soll dem Arbeitnehmer nur nicht dazu dienen, seine Rechtsansprüche statt vor dem Arbeitsgericht über den Umweg der Einigungsstelle durchzusetzen.

25. Müssen die Betriebsparteien im Einigungsstellenverfahren gem. § 87 Abs. 1, 2 BetrVG Tarifverträge beachten?

Ja, die Betriebsparteien müssen dies sogar in doppelter Hinsicht beachten. Angelegenheiten, die bereits **durch einen Tarifvertrag abschließend geregelt** sind, unterliegen nicht der Mitbestimmung des Betriebsrats, dies stellt der Einleitungssatz des § 87 Abs. 1 BetrVG klar. Notwendig ist dabei aber, dass der Tarifvertrag unmittelbar und zwingend auf den Betrieb Anwendung findet.

Beispiel

Die A-GmbH ist tarifgebunden. Im Tarifvertrag ist eine Arbeitswoche von Montag bis Freitag festgehalten, der Samstag ist arbeitsfrei. Die regelmäßige tägliche Arbeitszeit beträgt nach Tarifvertrag 7,8 Stunden. Eine Öffnungsklausel sieht der Tarifvertrag nicht vor. Beides sind Angelegenheiten des § 87 Abs. 1 Nr. 2 BetrVG, die Mitbestimmung und damit die Regelungskompetenz über die Einigungsstelle ist jedoch aufgrund des zwingend anzuwendenden Tarifvertrages ausgeschlossen.

Aber auch wenn keine Tarifbindung besteht, müssen die Betriebsparteien im Rahmen der Einigungsstelle **außerhalb des Betriebs geltende Tarifverträge** beachten.

Beispiel

Der Arbeitgeber B-GmbH ist nicht tarifgebunden, für die Branche und das Bundesland besteht jedoch ein nicht allgemeinverbindlich erklärter Tarifvertrag.

Der Betriebsrat soll im Einigungsstellenverfahren dem Arbeitgeber die Möglichkeit einräumen, Dienstpläne mit einer Ankündigungsfrist von 4 Werktagen ohne vorherige Zustimmung des Betriebsrats ändern zu dürfen (Forderung des Arbeitgebers). Der Betriebsrat will dafür vereinbart wissen, dass für Nachtschichten ein Zuschlag von 50% zum Brutto-Stundenlohn gezahlt wird. Die Höhe eines Zuschlages an sich unterliegt nicht der Mitbestimmung des Betriebsrats. Da für die Branche ein Tarifvertrag besteht (in dem üblicherweise Nachtzuschläge geregelt werden), greift in dem vorliegenden Fall die Sperrwirkung des § 77 Abs. 3 BetrVG. Für den Fall eines streitigen Spruchs dürfte damit die Höhe des Zuschlages nicht Gegenstand des Spruchs sein.

26. Kann der Betriebsrat auf Mitbestimmungsrechte wirksam verzichten?

Nein, die **echte Mitbestimmung** iSd § 87 BetrVG dient dem **Schutz der Arbeitnehmer.** Der Arbeitgeber soll daher in den gesetzlich genannten Angelegenheiten nicht einseitig Anordnungen treffen können, ohne den Betriebsrat beteiligt und eine Einigung mit ihm herbeigeführt zu haben. Sollte eine Einigung nicht herbeigeführt werden können, ist eine solche über die Einigungsstelle zu erzwingen. Ob und inwieweit der Betriebsrat die Mitbestimmungsrechte ausübt, liegt zwar in seinem Ermessen, doch ein **Verzicht auf das Mitbestimmungsrecht** ist nicht möglich.

Praxistipp

Bleibt der Betriebsrat in mitbestimmungspflichtigen Angelegenheiten untätig, kann das eine grobe Pflichtverletzung sein, die einen Auflösungsantrag nach § 23 Abs. 1 BetrVG rechtfertigen könnte. In einer Betriebsvereinbarung darf der Betriebsrat dem Arbeitgeber nicht das alleinige Gestaltungsrecht in einer mitbestimmungspflichtigen Angelegenheit überlassen. Dies wäre der Fall bei der Reduzierung eines Mitbestimmungsrechts auf ein bloßes Beteiligungsrecht. Das gilt auch, wenn der Betriebsrat auf Anfrage des Arbeitgebers die Auffassung vertritt, er sehe in einer mitbestimmungspflichtigen Angelegenheit kein Mitbestimmungsrecht.

27. Worin besteht die Mitbestimmung bezüglich Verhalten der Arbeitnehmer und Ordnung des Betriebs gem. § 87 Abs. 1 Nr. 1 BetrVG?

Mitbestimmungspflichtig sind zB (vgl. Fitting BetrVG § 87 Rn. 71 ff.) folgende Sachverhalte:

- Vorschriften über das **Betreten oder Verlassen des Betriebs**
- Vorschriften über **Torkontrollen** und deren Durchführung, einschließlich des Durchleuchtens von Taschen
- das Führen von **Anwesenheitslisten**
- das Verbot, den Betrieb während der Pausen zu verlassen
- die Einführung, Ausgestaltung und Nutzung von **Werksausweisen**
- **Anwesenheitskontrolle** bei gleitender Arbeitszeit
- Abstellen von Fahrzeugen auf dem Firmengelände und **Nutzungsbedingungen für Parkflächen**
- Sicherung eingebrachter Sachen der Arbeitnehmer
- die Aufstellung einer Benutzungsordnung für Wasch- u. Umkleideräume
- Regelungen zur Nutzung des **Internets oder eines E-Mail-Systems** für private Zwecke, die Mitbestimmung ist dabei auf die Ausgestaltung der vom Arbeitgeber zur Verfügung gestellten Nutzung beschränkt
- Verhaltensregeln bei der Nutzung eines **privaten Smartphones** zu dienstlichen Zwecken

- die Einführung von **Social Media Guidelines**, die Arbeitnehmer zum sensiblen Umgang mit sozialen Netzwerken am Arbeitsplatz und/oder mit Arbeitskollegen anhalten
- Erlass von **Bekleidungsvorschriften/Dienstkleidungspflicht**
- Tragen von **Namensschildern** auf der Dienstkleidung
- formalisierte **Krankengespräche**, die der Aufklärung von (betrieblichen) Krankheitsursachen dienen
- Anweisung, **AU-Bescheinigungen** nach § 5 EFZG vor Ablauf des dritten Kalendertags nach Beginn der Arbeitsunfähigkeit vorzulegen
- Regelungen über die Mitnahme von Arbeitsunterlagen nach Hause
- Regelungen zur Abfallvermeidung und -entsorgung
- Verbot, eigenes Bargeld am Arbeitsplatz aufzubewahren
- formalisierte **Mitarbeitergespräche** zur Vorbereitung von **Zielvereinbarungen**
- formalisierte Abrechnungsmodalitäten für die private Nutzung eines häuslichen Telearbeitsplatzes

28. Sind Compliance-Systeme mitbestimmungspflichtig?

Ja, **Compliance-Systeme** sind zumindest zT mitbestimmungspflichtig. Teil dieser Systeme sind Verhaltenskodizes, Ethik-Richtlinien oder **Whistleblowing-Hotlines.** Insbesondere kommt eine Mitbestimmung bei solchen Regelungen in Betracht, die Arbeitnehmern vorgeben, in einer bestimmten Weise auf Verstöße gegen die Verhaltensregeln zu reagieren. Dabei kommen standardisierte **Meldeverfahren** (Beschwerdeformalitäten) zum Einsatz, die nicht die Arbeitspflicht konkretisieren und deshalb dem Mitbestimmungsrecht unterliegen.

Praxistipp

Bei einem Spruch der Einigungsstelle ist jede Einzelregelung auf ihre Mitbestimmungspflichtigkeit hin zu prüfen. Ein Mitbestimmungsrecht bei einzelnen Regelungen führt nicht zur Mitbestimmungspflichtigkeit des gesamten Kodex. Meldungen zum außerdienstlichen Verhalten und der privaten Lebensführung unterliegen nicht der Mitbestimmung. Mitbestimmungsfrei ist auch die Benennung unternehmerischer Ziele, die Darstellung einer Unternehmensphilosophie sowie bereits gesetzlich bestehende Verhaltenspflichten.

29. Gibt es Fälle, in denen die Mitbestimmung im Rahmen von Ordnungsverhalten umstritten ist?

Ja, solche Fälle gibt es, in der Literatur (vgl. Fitting BetrVG § 87 Rn. 72) wird in Abweichung zur Rechtsprechung des BAG in folgenden Fällen eine Mitbestimmung angenommen:

- Anordnungen über das Führen **formalisierter Tätigkeitsberichte**
- Ausfüllen von **Überstundennachweisen**
- Ausfüllen von **Tätigkeitslisten** durch bestimmte Arbeitnehmergruppen zwecks rationellen Arbeitseinsatzes

Soweit der Betriebsrat nicht unbedingt Rechtsgeschichte schreiben möchte, sollte in solchen Fällen eine auf einen Spruch der Einigungsstelle bedachte Strategie mit Vorsicht angegangen werden.

30. Ist die Aufnahme allgemeiner materieller Arbeitsbedingungen in den Arbeitsvertrag spruchfähig?

Nein, der Abschluss und Inhalt **individueller Arbeitsbedingungen** unterliegt nicht der Mitbestimmung des Betriebsrats. Gem. § 94 Abs. 2 BetrVG besteht eine Mitbestimmung des Betriebsrats nur hinsichtlich **persönlicher Angaben in schriftlichen Arbeitsverträgen,** die allgemein für den Betrieb verwendet werden sollen.

31. Ist die Einschaltung eines Drittunternehmens zur Durchführung von Schaltertests spruchfähig?

Nein, nach Beschluss des BAG vom 18.4.2000 – 1 ABR 22/99 hat der Betriebsrat weder ein Mitbestimmungsrecht nach § 87 Abs. 1 Nr. 1 oder Nr. 6 BetrVG noch nach § 94 BetrVG.

32. Ist der Einsatz von Ladendetektiven einer Drittfirma mitbestimmungspflichtig?

Nein, denn der Einsatz von **Detektiven** fällt idR nicht unter § 87 Abs. 1 Nr. 1, 6 BetrVG. IdR liegt auch **keine Beteiligungspflicht** gem. § 99 BetrVG vor.

Praxistipp

In Betracht kommt die Auskunft an einen bestehenden Wirtschaftsausschuss und die Unterrichtung des Betriebsrats gem. § 80 Abs. 2 BetrVG.

33. Ist die Einführung einer Dienstreiseordnung, die das Vertragsverhältnis des Arbeitnehmers zum Arbeitgeber näher gestaltet, insbes. den Aufwendungsersatz des Arbeitnehmers regelt, spruchfähig?

Nein, der Betriebsrat hat **kein Mitbestimmungsrecht**, wenn der Arbeitgeber eine **Dienstreiseordnung** erlässt, in der die Erstattung von **Dienstreisekosten** und das Verfahren bei der **Genehmigung der Abrechnung** der Dienstreise geregelt werden (BAG 8.12.1981 – 1 ABR 91/79).

34. Sind Kostenpauschalen bei Lohnpfändung oder Gehaltspfändungen spruchfähig?

Nein, die **Abtretung oder Pfändung** von Lohn- oder Gehaltsansprüchen betrifft **kein Arbeitsverhalten** und auch kein Verhalten der Arbeitnehmer innerhalb des Arbeitsverhältnisses und unterliegt daher auch nicht dem Mitbestimmungsrecht gem. § 87 Abs. 1 Nr. 1 BetrVG.

Praxistipp

Die Regelung einer Kostenerstattungspauschale für Lohnpfändung kann auch nicht in einer freiwilligen Betriebsvereinbarung erfolgen. Begründung: Arbeitsvertragliche Regelungen gingen aufgrund des Günstigkeitsprinzips vor und wären als unzulässige Lohnverwendungsbestimmung anzusehen (LAG München 10.8.2005 – 9 Sa 239/05).

35. Ist die Untersagung der privaten Nutzung der betrieblichen Internet- und E-Mail-Einrichtung spruchfähig?

Nein, der Betriebsrat ist nur mitbestimmungspflichtig, wenn der Arbeitgeber die Nutzung gestattet und die Bedingungen hierfür geregelt werden sollen (**„wie“**). Die Entscheidung über das **„ob“** ist mitbestimmungsfrei.

Praxistipp

Eventuell besteht in einem solchen Fall ein Anspruch der Arbeitnehmer aufgrund einer betrieblichen Übung.

36. Worin besteht die Mitbestimmung bezüglich Beginn und Ende der täglichen Arbeitszeit einschließlich der Lage der Pausen gem. § 87 Abs. 1 Nr. 2 BetrVG?

Der Betriebsrat hat mitzubestimmen bei Regelungen über **Beginn und Ende** der täglichen Arbeitszeit sowie der Verteilung der Arbeitszeit auf die einzelnen Wochentage. Darüber hinaus erfasst das Mitbestimmungsrecht auch die Aufstellung von Dienstplänen sowie das Abweichen von bereits aufgestellten Plänen (BAG 25.9.2012 – 1 ABR 49/11).

Im Einzelfall kommen folgende Sachverhalte (vgl. Fitting BetrVG § 87 Rn. 127) in Betracht:

- Die Aufstellung von **Dienstplänen**
- Einführung von **Rufbereitschaft**
- Einführung von Rufbereitschaft in Form einer vom ArbGeb. **angeordneten Erreichbarkeit** außerhalb der ArbZ über Mobiltelefone, Smart-Phones oder Laptops
- Einführung von **Bereitschaftsdienst**
- Einführung u. Ausgestaltung eines **rollierenden Systems** bei der Einführung der 5-Tage-Woche im Kaufhaus
- **Telearbeit** (centerbasiert, On-Site oder heimbasierte Telearbeit). Das MBR erstreckt sich etwa auf die Einschaltzeit (Betriebszeit) des Computers oder die Einhaltung von Kernzeiten
- **Arbeitszeitverlegungen** zB für die zwischen Weihnachten u. Neujahr ausfallende Arbeitszeit
- zeitlichen Lage von Theaterproben, sofern nicht künstlerische Gesichtspunkte eine bestimmte zeitliche Lage oder Mindestdauer der Proben erfordern
- Festlegung der **Unterrichtsstunden** von Lehrern
- Einrichtung eines **Sonntagsverkaufs**
- Einführung und Durchführung von **Vertrauensarbeitszeit**

37. Ist die Frage, ob Umkleidezeiten vergütungspflichtig sind, spruchfähig?

Nein, die Frage ob **Umkleidezeiten** vergütungspflichtige Zeiten sind oder nicht, ist **nicht spruchfähig**. Es handelt sich hierbei ausschließlich um eine **Rechtsfrage**, die einem Spruch nicht zugänglich ist.

Praxistipp

Handelt es sich um Dienstkleidung, die besonders auffällig ist, haben die Betriebsparteien eine Regelung über Umkleidemöglichkeiten im Betrieb zu schaffen (BAG 17.1.2012 – 1 ABR 45/10). Wird deswegen das Umkleiden im Betrieb angeordnet, so werden dieses und das Zurücklegen des Weges zwischen Umkleide- und Arbeitsstelle zur arbeitsvertraglichen Pflicht des Arbeitnehmers. Hierfür schuldet der Arbeitgeber idR eine Vergütung nach § 611 Abs. 1 BGB (BAG 19.9.2012 – 5 AZR 678/11).

Das Urteil enthält eine wichtige Klarstellung im Hinblick auf die Mitbestimmung des Betriebsrats bei der Festlegung von Rüstzeiten. In vielen Betriebsvereinbarungen finden sich Regelungen, in denen Arbeitnehmer für das Umkleiden pauschale Zeitgutschriften (idR von zehn bis 15 Minuten pro Umkleidevorgang) erhalten. Nach der Diktion der vorliegenden Entscheidung können Betriebsräte derartige Regelungen jedenfalls nicht vor der Einigungsstelle erzwingen. Es bleibt den Betriebspartnern überlassen, sich freiwillig über entsprechende Regelungen zu einigen. Allerdings ist die Verbindlichkeit einer solchen Regelung gegenüber „langsamen" Arbeitnehmern vom BAG offen gelassen worden.

38. Wie definieren sich Überstunde und Mehrarbeit?

Überstunde ist die Arbeitszeit, die über diejenige hinausgeht, die nach dem **Tarifvertrag** oder nach dem **Einzelarbeitsvertrag** zu leisten ist. **Mehrarbeit** ist die über die **gesetzlich zulässige regelmäßige Arbeitszeit** (Arbeitszeitgesetz) hinausgehende Arbeitszeit.

39. Was versteht man unter der betriebsüblichen Arbeitszeit?

Bei **tarifgebundenen Arbeitgebern** ist betriebsübliche Arbeitszeit idR die **tarifliche Arbeitszeit.** Des Weiteren wird sie bestimmt durch die vertraglich **vereinbarte Arbeitsleistung** sowie deren Verteilung auf einzelne Zeitabschnitte. Wenn eine solche Bestimmung nicht besteht, ist auf die im Betrieb jeweils für bestimmte Arbeitsplätze, Arbeitnehmer-Gruppen oder einzelne Arbeitnehmer geltende Arbeitszeit abzustellen.

40. Wer muss im Betrieb Überstunden oder Mehrarbeit leisten?

Jeder Arbeitnehmer muss **Überstunden oder Mehrarbeit** leisten, wenn er dazu auf Grund einer Vereinbarung im **Arbeitsvertrag,** nach einem **Tarifvertrag** und den dort beschriebenen Voraussetzungen oder nach **Treu und Glauben** (Nebenpflicht im Arbeitsverhältnis) verpflichtet ist. Auch eine **Betriebsvereinbarung** kann Rechtsgrundlage für die Anordnung von Überstunden sein, soweit nicht zu Lasten von Arbeitnehmern in eine entgegenstehende individualrechtliche Position eingegriffen wird.

41. Was versteht man unter einer vorübergehenden Änderung der Arbeitszeit?

Eine **vorübergehende Änderung** liegt vor, wenn es sich um eine Abweichung von einem für eine **bestimmte Zeit** festgelegten Zeitvolumen mit anschließender **Rückkehr zur betriebsüblichen Dauer** der Arbeitszeit handelt. Demnach darf eine solche Abweichung lediglich einen überschaubaren Zeitraum betreffen (BAG 27.1.1998 – 1 ABR 35/97).

42. Welche Beispiele gibt es für vorübergehende Änderungen der Arbeitszeit?

Beispiele für eine vorübergehende Änderung der Arbeitszeit (vgl. Fitting BetrVG § 87 Rn. 133) sind:

- **Sonderschichten**
- Einführung von **Bereitschaftsdienst** außerhalb der regelmäßigen Arbeitszeit
- Anordnung des Arbeitgeber, an einer außerhalb der betriebsüblichen Arbeitszeit stattfindenden **Mitarbeiterversammlung** teilzunehmen

Der Arbeitgeber kann die Mitbestimmung aushebeln durch **dauerhafte Änderung** der betrieblichen Arbeitszeit von zB 38 auf 40 bzw. 42 Stunden pro Woche. In diesem Fall verbleibt es dann bei der Mitbestimmung nach § 87 Abs. 1 Nr. 2 BetrVG. Dies erfordert möglicherweise auch die Anpassung möglicher Betriebsvereinbarungen.

43. Besteht bei Änderung der vertraglich vereinbarten wöchentlichen Arbeitszeit durch den Arbeitgeber ein durch die Einigungsstelle überprüfbares Mitbestimmungsrecht?

Nein, weder die **einzelvertragliche Festlegung** der Wochenarbeitszeit noch die **dauerhafte Änderung** der wöchentlichen Arbeitszeit unterliegen einem Mitbestimmungsrecht des Betriebsrats.

44. Kann der Betriebsrat die Mitbestimmung für jeden Einzelfall der Anordnung von Überstunden/Mehrarbeit durch Spruch der Einigungsstelle erzwingen?

Ja, das ist möglich. IdR versuchen zwar die Betriebsräte solch einen **erheblichen Arbeitsaufwand** zu vermeiden und andere, gestaffelte Beteiligungs- und Mitbestimmungswege zu wählen, aber die Mitbestimmung des Betriebsrats erstreckt sich auf **jeden Einzelfall.**

Praxistipp

In der Praxis wird der Arbeitgeber versuchen, ein abgestuftes Beteiligungsrecht zu implementieren. Dies dahingehend, dass der Betriebsrat lediglich Informationsrechte eingeräumt erhält und eine weitere Beteiligung vermieden werden soll. Es ist grundsätzlich denkbar, sich in einer ersten Stufe auf Informationsrechte zu beschränken, der Betriebsrat muss jedoch in einer zweiten Stufe immer die Möglichkeit behalten, aktiv die Mitbestimmung aufleben zu lassen.

45. Kann die Mitbestimmung in Eilfällen für die Anordnung von Überstunden/Mehrarbeit entfallen?

Nein, auch bei **Eilfällen** entfällt die Mitbestimmung nicht. Es besteht auch in diesen Fällen ein **echtes Mitbestimmungsrecht,** wenn der Arbeitgeber die Arbeitszeit für einen oder mehrere einzelne Arbeitnehmer aus **dringenden, nicht vorhersehbaren betrieblichen Gründen** ändern will. Die Dringlichkeit der Maßnahme hat keinen Einfluss auf den kollektiven Tatbestand.

Praxistipp

Der zu beantragende Spruch der Einigungsstelle sollte daher Eilfälle im Voraus regeln und für die Betriebsparteien eine Regelung treffen; das Mitbestimmungsrecht ist aufgrund eines Eilfalls nicht eingeschränkt, es darf darauf aber auch nicht verzichtet werden.

46. Kann die Mitbestimmung in Notfällen für die Anordnung von Überstunden/Mehrarbeit entfallen?

Ja, in Notfällen iSv § 14 ArbZG (sowie Brand, Überschwemmungen, Explosionsgefahr) kann der Arbeitgeber **einseitig Überstunden anordnen.** Er muss dann unverzüglich die **Zustimmung des Betriebsrats** nachholen.

47. Kann durch die Einigungsstelle für die Arbeitnehmer verpflichtend der Urlaubszeitraum für die Arbeitnehmer festgelegt werden?

Ja, dies kann insbes. durch die **Festlegung von Betriebsferien** geschehen und/oder ob der Urlaub im Rahmen der Betriebsferien zu nehmen ist. Die Regelung kann sich auf **mehrere Jahre** beziehen. Für den Fall, dass Arbeitnehmer einen längeren Jahresurlaub beanspruchen können als die Betriebsferien dauern, müssen für die Abwicklung der **Resturlaubsansprüche** weitere allgemeine Grundsätze aufgestellt werden.

Praxistipp

Das BAG sieht in der Einführung von Betriebsferien bereits dringende betriebliche Belange iSd § 7 Abs. 1 BUrlG, hinter denen abweichende Urlaubswünsche des einzelnen Arbeitnehmers zurücktreten müssen. Haben Arbeitnehmer noch keinen Urlaubsanspruch erworben, bleibt ihr Lohnanspruch für die Dauer der Betriebsferien wg. § 615 BGB erhalten. Es empfiehlt sich, den Mitarbeitern ausreichend Urlaubstage zur freien Verfügung zu belassen, über diese sie frei disponieren können.

48. Hat der Betriebsrat ein Initiativrecht zur Einführung von Betriebsferien?

Ja, dem Betriebsrat steht ein Initiativrecht zur Einführung von Betriebsferien zu.

49. Kann der Arbeitgeber Urlaubssperren festlegen?

Ja, aber es ist die **echte Mitbestimmung des Betriebsrats** zu beachten. Ebenso sind die Verfahren zur Beantragung und Bewilligung sowie der Urlaubsvertretung festzulegen.

50. Welche grundsätzlichen Mitbestimmungsrechte bestehen im Rahmen der Einigungsstelle zum Thema Urlaub?

Eine echte Mitbestimmung und damit einem Spruch der Einigungsstelle zugänglich sind:

- allgemeine Urlaubsgrundsätze
- Urlaubsplan
- Urlaubsliste
- Änderungen des Urlaubs

Praxistipp

Betriebsvereinbarungen zum Thema Urlaub sollen insbes. die sozialen Belange der Mitarbeiter berücksichtigen und eine Abwägung dieser Kriterien zu den betrieblichen Erfordernissen enthalten.

51. Kann der Betriebsrat die Einigungsstelle auch nur wegen eines einzeln abgelehnten Urlaubsantrags anrufen?

Ja, das geht. Das Mitbestimmungsrecht nach § 87 Abs. 1 Nr. 5 BetrVG besteht in jedem Einzelfall.

Die Gewährung des Urlaubs hat regelmäßig auch dann, wenn es um die Bewilligung für ein konkretes Belegschaftsmitglied geht, Auswirkungen nicht nur bezogen auf den konkreten Einzelfall, sondern auch auf sonstige Belegschaftsmitglieder (LAG Berlin-Brandenburg 24.6.2021 – 26 TaBV 785/21).

52. Besteht das Mitbestimmungsrecht im Rahmen der Einigungsstelle nur für den gesetzlichen Urlaubsanspruch?

Nein, die **Urlaubsgrundsätze,** das Verfahren und sonstige allgemeine Regelungen gelten für **alle Formen des Urlaubs,** also auch für den **übergesetzlichen Urlaubsanspruch** aus Tarifvertrag oder Arbeitsvertrag. Ebenso spielt es hierbei keine Rolle, ob es sich um einen **bezahlten oder unbezahlten Urlaub** handelt oder nicht oder gar um einen Bildungsurlaub.

53. Was versteht man unter technischen Einrichtungen iSv § 87 Abs. 1 Nr. 6 BetrVG?

Eine **technische Einrichtung** liegt vor, wenn das **Verhalten oder die Leistung** der **Arbeitnehmer** zumindest teilweise durch eine technische Einrichtung der menschlichen Wahrnehmung zugänglich gemacht wird. Auf die Modalitäten der techn. Überwachung kommt es nicht an. Sie kann optisch durch fotografische Einzelaufnahmen, Film- oder Fernsehkameras, akustisch durch Abhör- oder Tonbandaufzeichnungsgeräte oder andere stationäre oder mobile Kontrollgeräte und va durch EDV erfolgen. Ohne Belang ist ferner, ob die techn. Einrichtung, zB eine Filmkamera, automatisch arbeitet oder manuell vom betroffenen Arbeitnehmer selbst oder Dritten bedient wird sowie die zeitliche Dauer, also ob die Überwachung dauernd, über einen längeren Zeitraum oder in gewissen Abständen wiederholt erfolgt (vgl. Fitting BetrVG § 87 Rn. 225).

54. Welche Beispiele gibt es für technische Einrichtungen, über die in Einigungsstellen bereits verhandelt und entschieden wurde?

Nachstehende Sachverhalte (vgl. Fitting BetrVG § 87 Rn. 244 ff.) sind technische Einrichtungen und der Einigungsstelle zugänglich:

- Fingerprint-Scanner-System zum Fingerabdruckvergleich beim **biometrischen Zugangskontrollsystem**
- Multimoment-Filmkameras
- Fernsehmonitoren
- **Videoanlagen**
- Mikrophonen („Wanzen")
- Tonbandaufnahmen oder **Aufnahmen von Telefongesprächen**
- Geräte zum Mithören von telefonischen Verkaufsgesprächen
- unbemerktes Mit-/Abhören dienstlicher Telefonate
- **Stechuhren** oder sonstige automatische **Zeiterfassungsgeräte** wie zB den Zeitstempler, mit dem Beginn und Ende einzelner Arbeitsvorgänge festgehalten werden
- rechnergestützte Zeitaufnahmegeräte zur Vorgabezeitermittlung
- Produktographen, dh Geräte, die Daten über **Lauf und Ausnutzung von Maschinen,** wie zB Lauf, Stillstand, Fertigungsmenge, Taktfolge, Leerlauf, Verlustzeiten, Störzeiten, ggf. nach angeordneter Bedienung bestimmter Meldetasten auf einem Diagrammschreiber aufzeichnen
- Fotokopiergeräte mit individueller PIN für Benutzer
- die automatische Erfassung von Telefondaten oder -gebühren
- Erfassung der Zielnummer bei Telefonaten von BR-Mitgliedern
- **Mobiltelefone**
- automatische Sicherungssysteme, die den Zu- und Abgang des Arbeitnehmers am Arbeitsplatz oder in bestimmten Arbeitsbereichen festhalten
- auch technische Sicherungsmaßnahmen nach § 22 BDSG, da die in der Anlage zu dieser Vorschrift vorgeschriebenen Kontrollaspekte dem Arbeitgeber einen Ermessensspielraum belassen
- Personalinformationssysteme
- **Einführung von PC**
- Laptops im Außendienst
- Personalabrechnungs- und Personalinformationssysteme zB Paisy
- SAP R/3 Customising sowie die übrigen SAP/RP-Systeme
- Informations- und Steuerungssysteme, zB INTEX DO3
- Arbeitswirtschaftsinformationssystem „ARWIS"
- Einführung eines elektronischen Datenverarbeitungssystems, das zur Verhaltens- und Leistungskontrolle bestimmt ist
- ISDN-Nebenstellenanlage
- HICOM Telefonanlage
- private Smartphones/Tablets/PC für dienstliche Zwecke
- **Facebook als Arbeitsmittel**
- FleetBoards, mittels deren in LKWs Daten erhoben werden, die unter Verwendung von GPS-Daten Rückschlüsse auf das Fahrverhalten der Arbeitnehmer erlauben, unterliegen ebenfalls der Mitbestimmung
- **Internet-Anschluss**
- **Einsatz von E-Mails**
- Internettelefonie (VoIP)
- bei Bildschirmgeräten, die mit einem Rechnersystem in einer Weise verbunden sind, dass die Tätigkeiten der sie bedienenden Arbeitnehmer festgehalten werden, handelt es sich um mitbestimmungspflichtige technische Einrichtungen
- Telearbeit
- CAD-, CAE- und CAM-Systeme
- **Bürokommunikationssysteme**
- Organisations- und Vertriebssteuerungs-Systeme-OVS
- EDV-gestützter Einsatzplan für technischen Kundendienst
- EDV-gestützte Parkerlaubnisverwaltung mit Speicherung von Parkverstößen
- automatische Abrechnungssysteme zB des Kantinenverzehrs über EDV
- **Videoüberwachung der Arbeitnehmer an ihrem Arbeitsplatz**
- Videoüberwachung des Arbeitsplatzes in öffentlich zugänglichen Räumen, dabei ist auch die gesetzliche Regelung des § 4 BDSG zu beachten
- RFID (Radio Frequency Identification)
- **GPS oder Handy-Ortung, GSM-Ortung**

- **Silent Monitoring**
- Voice Recording

55. Muss der Arbeitgeber eine Überwachung der Leistung und des Verhaltens ausdrücklich „wollen" iSd § 87 Abs. 1 Nr. 6 BetrVG?

Nein, das Gesetz gibt hier zwar vor, dass die technische Einrichtung hierzu bestimmt sein muss, was vom Wortlaut her ein **„Wollen"** des Arbeitgebers voraussetzt. Das Bundesarbeitsgericht lässt jedoch eine **Eignung** der technischen Einrichtung genügen, unabhängig davon, was nun der Arbeitgeber im Einzelnen tatsächlich möchte.

56. Liegt bei technischen Einrichtungen die originäre Zuständigkeit immer beim örtlichen Betriebsrat?

Nein, das muss nicht sein. Es kann eine technische Notwendigkeit für eine betriebsübergreifende Regelung vorliegen, wenn zB der Arbeitgeber für mehrere Betriebe ein einheitliches elektronisches Datenverarbeitungssystem einführen will, das die Verwendung eines **einheitlichen Programms, einheitlicher Formate** und **einheitlicher Eingabemasken** erfordert. Die Mitbestimmung nach § 87 Abs. 1 Nr. 6 BetrVG obliegt in einem solchen Fall dem **Gesamtbetriebsrat.**

57. Ist für die Einführung von MS 365 der örtliche Betriebsrat oder ein Gesamt- oder Konzernbetriebsrat zuständig?

Wird die Anwendung unternehmensweit bzw. jedenfalls betriebsübergreifend eingeführt, so begründet dies dann die Zuständigkeit des **Gesamtbetriebsrats,** wenn die gesammelten Daten zentral verarbeitet werden oder die erhobenen Daten betriebsübergreifend verknüpft werden (LAG Köln 21.5.2021 – 9 TaBV 28/20).

58. Kann der Betriebsrat die Einführung einer technischen Einrichtung mittels Einigungsstelle verhindern?

Nein, der Arbeitgeber bestimmt grundsätzlich frei, mit welchen technischen Einrichtungen er die Arbeitsleistung erbringen lässt oder diese flankiert. Der Betriebsrat hat die Aufgabe, den Einsatz dieser technischen Einrichtung auf die **betrieblichen Notwendigkeiten** zu beschränken. Hierdurch sollen die Gefahren der Verletzung von **Persönlichkeitsrechten der Mitarbeiter** abgewendet oder möglichst weit eingeschränkt werden.

59. Hat der Betriebsrat ein Initiativrecht zur Einführung einer elektronischen Zeiterfassung?

Ja, soweit man der Literatur und der Instanzengerichte folgt. Dies wurde positiv entschieden durch das LAG München 10.8.2021 – 3 TaBV 31/21, das LAG Düsseldorf 24.8.2021 – 3 TaBV 29/21 und das LAG Hamm 27.7.2021 – 7 TaBV 79/20.

Praxistipp

Eine abschließende Entscheidung des BAG (1 ABR 22/21) wird für September 2022 erwartet.

60. Welche gesetzlichen Vorschriften sind von der Einigungsstelle bei der Einführung von technischen Einrichtungen zu beachten?

Es sind insbes. die Vorschriften des **BDSG,** der **DSG-VO,** die Regelungen des § 75 BetrVG und das **allgemeine Persönlichkeitsrecht** des Mitarbeiters zu beachten. Eine Mitbestimmung des Betriebsrats kommt allerdings nur dann in Betracht, wenn durch den Einsatz technischer Einrichtungen Rechte des Mitarbeiters betroffen sein können. Dies wäre zB dann nicht der Fall, wenn eine technische Einrichtung ausschließlich Bereiche betrifft, die Mitarbeiter nicht tangieren und nicht **personenbezogene Daten** generieren, verarbeiten oder speichern. Dass dies auch wirklich so umgesetzt wird, wäre allerdings auch erzwingbar durch die Einigungsstelle zu regeln.

Praxistipp

Auch in den Fällen, in denen der Arbeitgeber behauptet, Rechte der Mitarbeiter würden durch die einzuführende technische Einrichtung nicht berührt werden, kann auf Antrag des Betriebsrats durch die Einigungsstelle entschieden werden. Die bloße Behauptung des Arbeitgebers führt nicht zu einer offensichtlichen Unzuständigkeit der Einigungsstelle iSv § 100 ArbGG.

61. Kann der Betriebsrat im Rahmen des Gesundheitsschutzes die Einrichtung einer Einigungsstelle erzwingen?

Ja, der Betriebsrat hat nach § 87 Abs. 1 Nr. 7 BetrVG bei betrieblichen Regelungen über die dem Arbeitgeber auferlegten Verpflichtungen, die Beschäftigten über **Sicherheit und Gesundheitsschutz bei der Arbeit** zu unterweisen, mitzubestimmen. Einigen sich die Betriebsparteien nicht über Art und Inhalt der Unterweisung, hat das die Einigungsstelle zu regeln. Hierbei hat sie die Erkenntnisse einer **Gefährdungsbeurteilung** zu berücksichtigen und die konkrete arbeitsplatz- oder aufgabenbezogene Unterweisung daran auszurichten. Sie kann sich nicht darauf beschränken, allgemeine Bestimmungen über die Unterweisung zu Gefahren am Arbeitsplatz aufzustellen.

Praxistipp

Ein Spruch der Einigungsstelle zum Thema Unterweisung der Beschäftigten über Sicherheit und Gesundheitsschutz am Arbeitsplatz ohne vorherige Gefährdungsanalyse wäre ermessensfehlerhaft (BAG 8.11.2011 – 1 ABR 42/10).

62. Kann der Betriebsrat über die Einigungsstelle die Ausgestaltung der Durchführung der Gefährdungsanalyse erzwingen?

Ja, nach der Entscheidung des BAG 12.8.2008 – 9 AZR 1117/06 räumt § 5 Abs. 1 ArbSchG bei der **Durchführung der Beurteilung** dem Arbeitgeber einen Spielraum ein. Der Betriebsrat hat bei dessen Ausfüllung nach § 87 Abs. 1 Nr. 7 BetrVG mitzubestimmen.

Praxistipp

Der einzelne Arbeitnehmer kann daher nicht verlangen, dass die Gefährdungsbeurteilung nach bestimmten von ihm vorgegebenen Kriterien durchgeführt wird.

63. Hat der Betriebsrat auch eine Mitbestimmung bei der Bestimmung der Schutzmaßnahmen nach § 3 Abs. 1 S. 1 ArbSchG?

Ja, aber das Mitbestimmungsrecht des Betriebsrats bei vom Arbeitgeber zu treffenden Schutzmaßnahmen **besteht erst dann,** wenn eine **konkrete Gefährdung** der Arbeitnehmer nach Art und Umfang **zwischen den Betriebsparteien feststeht** oder im Rahmen einer Gefährdungsbeurteilung iSv § 5 Abs. 1 ArbSchG festgestellt wurde, die der Arbeitgeber auf der Grundlage einer von den Betriebsparteien oder der Einigungsstelle zuvor getroffenen Regelung über das Verfahren zur Beurteilung der Arbeitsbedingungen durchgeführt hat (BAG 7.12.2021 – 1 ABR 25/20).

64. Kann der Betriebsrat bei der Festlegung des Preises eines Kirschkuchens in der Kantine mitbestimmen?

Ja, sofern der Arbeitgeber den **Betrieb einer Kantine** bezuschusst, ist sowohl der Speisenplan, als auch die Speisen selbst, die **Preisgestaltung,** die Auswahl des Betreibers, und auch die **Ausgestaltung der Kantine** selbst mitbestimmungspflichtig.

65. Welche Beispiele für mitbestimmungspflichtige Sozialeinrichtungen im Rahmen einer Einigungsstelle gibt es?

Beispielhaft seien nachstehende Fälle der Mitbestimmung benannt:

- Kantine
- Werksbus
- Betriebskindergarten
- Pensions-/Unterstützungskasse
- Erholungsheime
- Getränkeautomaten
- Erholungsräume
- Sportanlagen

Praxistipp

Dies ist natürlich keine abschließende Aufzählung, weitere Beispiele sind genannt in Fitting BetrVG § 87 Rn. 347.

66. Kann der Betriebsrat die Einführung einer Sozialeinrichtung durch die Einigungsstelle erzwingen?

Nein, die Mitbestimmung des Betriebsrats beschränkt sich auf die **Form, Ausgestaltung und Verwaltung** bestehender Sozialeinrichtungen. Die Einrichtung selbst kann jedoch nicht erzwungen werden. Zur Errichtung gehört auch deren finanzielle Ausstattung. Die Mittel, die der Arbeitgeber einer Sozialeinrichtung zukommen lassen möchte, bestimmt er ganz allein.

67. Kann die Schließung einer Sozialeinrichtung durch Spruch einer Einigungsstelle verhindert werden?

Nein, diese Entscheidung obliegt **mitbestimmungsfrei** beim Arbeitgeber. Die Rechtsprechung sieht Ausnahmen nur dort, wo durch die Abschaffung **unbillige Härten** eintreten würden (zB fristlose Schließung des Betriebskindergartens).

68. Kann die Einigungsstelle wirksam über die Kündigung einer Werkdienstwohnung entscheiden?

Nein, bei den sog. **Werkdienstwohnungen** handelt es sich in der Praxis zB um **„Hausmeisterwohnungen"**, die sowohl bei der Vergabe als auch hinsichtlich der vertraglichen Gestaltung keiner Mitbestimmung unterliegen.

Praxistipp

Anders läge der Fall dann, wenn es sich um eine Werksmietwohnung handeln würde. Dann könnte der Arbeitgeber die Vertragsbedingungen und auch die Kündigung nur wirksam mit Zustimmung des Betriebsrats und in Ermangelung einer solchen durch Spruch der Einigungsstelle handeln (BAG 28.7.1992 – 1 ABR 22/92).

69. Kann die Einigungsstelle verbindlich festlegen, welcher Arbeitnehmerkreis in den Genuss von Prämien kommen soll, wenn der Arbeitgeber ein Gesamtvolumen zur Zahlung festgelegt hat?

Nein, der Arbeitgeber bestimmt nach billigem Ermessen und unter Berücksichtigung der Grundsätze des § 75 BetrVG selbst den Kreis der Begünstigten, dies ist mitbestimmungsfrei und somit nicht spruchfähig.

Praxistipp

Sobald der Arbeitgeber das Volumen allgemein oder konkret bestimmt hat und der Arbeitnehmerkreis, der Leistungen erhalten soll, festgelegt wurde, beginnt die Mitbestimmung des Betriebsrats hinsichtlich der Verteilungsgrundsätze.

70. Kann der Arbeitgeber das Mitbestimmungsrecht bei der Gewährung von Zulagen umgehen mit der Begründung, es seien alles individuelle Einzelfälle?

Nein, das kann er grds. nicht. Dem Mitbestimmungsrecht des § 87 Abs. 1 Nr. 10 BetrVG steht es nicht entgegen, dass der Arbeitgeber über- oder außertarifliche Entgeltbestandteile **einzelvertraglich** mit den Arbeitnehmern vereinbart hat oder in **Zukunft mit den Arbeitnehmern vereinbaren will.** Ein kollektiver Tatbestand fehlt nur dann, wenn bei der Festlegung der Zulagenhöhe die besonderen Umstände des einzelnen Arbeitnehmers eine Rolle spielen und dabei **kein innerer Zusammenhang zur Leistung anderer Arbeitnehmer** besteht (LAG München 23.11.2021 – 9 TaBV 64/21).

Praxistipp

Das ist etwa dann der Fall, wenn für die Lohnbemessung der Wunsch des einzelnen Arbeitnehmers maßgebend ist, um zB persönliche steuerliche Nachteile zu vermeiden.

Ein kollektiver Tatbestand liegt dagegen vor, wenn Grund und Höhe der Zahlungen von allgemeinen Merkmalen abhängig sind, insbesondere von Leistungsmerkmalen oder Verantwortungsmerkmalen auf dem jeweiligen Arbeitsplatz.

71. Welche Gehaltsbestandteile können hinsichtlich ihrer Verteilung mitbestimmt und in der Einigungsstelle geregelt werden?

Nachstehende Gehaltsbestandteile (für weitere Details vgl. Fitting BetrVG § 87 Rn. 414) können in der Einigungsstelle mitbestimmt werden:

- Prämien
- Bonifikationen
- Leistungsprämien
- zinsbegünstigte Darlehen
- Gewinn und Ergebnisbeteiligungen
- Gratifikationen aller Art
- übertarifliche Zulagen
- Leistungen der betrieblichen Altersversorgung
- Ermäßigung des Beitrags zum Kindergarten
- Zulagen für erschwerte Arbeitsbedingungen
- verbilligte Flugscheine
- Lieferung von Eigengas oder Eigenstrom
- Ausgabe von Essensmarken für die Kantine
- Auslandszulagen für entsandte Mitarbeiter
- Tantieme
- Privatnutzung von Dienstwagen
- Ausgabe von Belegschaftsaktien
- geldwerte Leistungen bei Werksverkauf

72. Kann die Übernahme zB eines vollständigen Entgelttarifvertrags im Rahmen eines Einigungsstellenverfahrens erzwungen werden?

Nein, dies ist aufgrund der **Sperrwirkung** des § 77 Abs. 3 BetrVG rechtlich nicht möglich.

Praxistipp

Den Betriebsparteien bleibt es jedoch unbenommen, sich im Rahmen der Einigungsstelle auf die Anwendung eines solchen Tarifvertrags im Rahmen einer Protokollnotiz bzw. Regelungsabrede zu einigen, dies verbunden mit der Verpflichtung des Arbeitgebers, die Anwendung dieser tarifvertraglichen Regelung im Rahmen einer Gesamtzusage umzusetzen.

73. Ist die Höhe eines Überstundenzuschlags mitbestimmungspflichtig und damit spruchfähig?

Nein, ein solcher Zuschlag kann grds. durch Tarifvertrag, Arbeitsvertrag oder einseitig durch den Arbeitgeber angeboten werden. In Betracht käme dann eventuell ein Mitbestimmungsrecht nach § 87 Abs. 1 Nr. 10 BetrVG (Verteilungsgrundsätze).

74. Können durch einen Einigungsstellenspruch beschriebene und dadurch ermittelte Ziele von Mitarbeitern nachträglich geändert werden?

Nein, eine einseitige nachträgliche Änderung der festgelegten Ziele und der weiteren Zahlungsvoraussetzungen ist bei variablen Vergütungsbestandteilen mit Zielvereinbarung grundsätzlich unzulässig. Dies gilt auch für die Berechnungsmethode. Die zur Ermittlung der Ziele angewandte Methode ist auch für die Ermittlung der Zielerreichung anzuwenden (BAG 11.12.2013 – 10 AZR 364/13).

75. Kann man durch Betriebsvereinbarung die Zulässigkeit von Kündigungen beschränken und dies von einem Spruch der Einigungsstelle abhängig machen?

Ja, § 102 Abs. 6 BetrVG sieht vor, dass **Kündigungen nur mit Zustimmung** des Betriebsrats ausgesprochen werden dürfen. Sollte eine solche Zustimmung durch den Betriebsrat nicht erfolgen, kann der Arbeitgeber mit Hilfe der Einigungsstelle versuchen, die Zustimmung zu bekommen.

Praxistipp

Voraussetzung hierfür ist jedoch der Abschluss einer freiwilligen Betriebsvereinbarung. Diese Verpflichtung gehen in der Praxis Arbeitgeber sehr selten ein, da nach der Rechtsprechung des Bundesarbeitsgerichts die Durchführung dieses Verfahrens tatsächlich zwingend wäre und ansonsten eine wirksame Kündigung nicht möglich ist.

76. Ist eine inhaltliche Regelung für einen Interessenausgleich erzwingbar?

Nein, eine inhaltliche Regelung ist nicht erzwingbar. Der Arbeitgeber muss lediglich versuchen, mit dem Betriebsrat eine Regelung zu treffen, kommt eine solche nicht zustande, ist durch die Einigungsstelle das **Scheitern der Verhandlungen** festzustellen.

Praxistipp

Es wird dabei vertreten, dass das Scheitern entweder im Protokoll festgehalten wird, oder alternativ durch einen Beschluss festgestellt wird. Der Betriebsrat sollte bei den Verhandlungen eines Interessenausgleichs und Sozialplans immer im Hinterkopf behalten, dass der Arbeitgeber die Verhandlungen bezüglich des Interessenausgleichs für gescheitert erklären kann und die Vor- und Nachteile abwägen.

77. Kann der Sozialplan in der Einigungsstelle festgelegt werden?

Ja, der Sozialplan wird sowohl hinsichtlich des **Volumens** (Sozialplantopf) als auch hinsichtlich der **Verteilungsgrundsätze,** aber auch aller sonstigen Regelungen zur Milderung in der Einigungsstelle, notfalls durch Spruch unter Beachtung der Kriterien des § 112 Abs. 5 BetrVG, entschieden.

78. Muss bei der Aufstellung eines Sozialplans ein bestehender Tarifvertrag beachtet werden?

Nein, die **Tarifsperre** des § 77 Abs. 3 BetrVG **gilt** gem. § 112 Abs. 1 S. 4 BetrVG für Sozialpläne eben **nicht.**

79. Kann ein Sozialplan durch die Einigungsstelle erzwungen werden, wenn es um einen reinen Personalabbau geht?

Ja, aber nur dann, wenn eine **Mindestanzahl** von Mitarbeitern hiervon **betroffen** ist. Die genauen

Schwellenwerte ergeben sich aus folgender Übersicht:

- in Betrieben mit in der Regel weniger als 60 Arbeitnehmern 20% der regelmäßig beschäftigten Arbeitnehmer, aber mindestens 6 Arbeitnehmer,
- in Betrieben mit in der Regel mindestens 60 und weniger als 250 Arbeitnehmern 20% der regelmäßig beschäftigten Arbeitnehmer oder mindestens 37 Arbeitnehmer,
- in Betrieben mit in der Regel mindestens 250 und weniger als 500 Arbeitnehmern 15% der regelmäßig beschäftigten Arbeitnehmer oder mindestens 60 Arbeitnehmer,
- in Betrieben mit in der Regel mindestens 500 Arbeitnehmern 10% der regelmäßig beschäftigten Arbeitnehmer, aber mindestens 60 Arbeitnehmer.

80. Können im Rahmen der Einigungsstelle einzelne Mitarbeiter oder Mitarbeitergruppen von Sozialplanleistungen ausgeschlossen werden?

Ja, nämlich dann, wenn Mitarbeiter einen **zumutbaren Arbeitsplatz** im selben Betrieb, Unternehmen oder Konzernunternehmen **ablehnen.** Grundsätzlich ist auch ein Arbeitsplatz an einem anderen Ort zumutbar. Des Weiteren können Mitarbeiter, die im Falle eines Betriebsübergangs diesem widersprochen haben und nur deshalb wegen fehlender Beschäftigungsmöglichkeit im Ursprungbetrieb gekündigt werden, von Sozialplanleistungen ganz oder teilweise ausgeschlossen werden. Mitarbeiter, die selbst gekündigt hatten, bevor die Maßnahme bekannt war, die zur Kündigung hätte führen können, können ebenfalls leer ausgehen.

81. Ist eine geringe Abfindung für rentennahe Arbeitnehmer möglich?

Ja, das ist zulässig. Darin liegt grundsätzlich kein Verstoß gegen das AGG.

Den Betriebsparteien wird durch § 10 S. 3 Nr. 6 AGG ein Gestaltungs- und Beurteilungsspielraum für eine **unmittelbar auf dem Alter beruhende Ungleichbehandlung** bei Sozialplanleistungen eröffnet. Dessen Ausgestaltung unterliegt einer weiteren Verhältnismäßigkeitsprüfung nach § 10 S. 2 AGG. Die von den Betriebsparteien gewählte Sozialplangestaltung muss geeignet sein, das mit § 10 S. 3 Nr. 6 AGG verfolgte Ziel tatsächlich zu fördern, und darf die Interessen der benachteiligten (Alters-)Gruppe nicht unverhältnismäßig stark vernachlässigen (BAG 23.3.2010 – 1 AZR 832/08).

Praxistipp

Eine Kürzung der Abfindung für rentennahe Jahrgänge ist inzwischen weit verbreitet. Der Betriebsrat muss sich bewusst sein, dass dies zu einem erhöhten Erklärungsbedarf gegenüber der Belegschaft führt und eine solche Regelung viele „finanzielle Wunschvorstellungen" der älteren Arbeitnehmer nicht trifft.

82. Ist im Rahmen der Einigungsstelle die Leistungsfähigkeit des Betriebs/Unternehmens/Konzerns zu berücksichtigen?

Ja, zunächst ist zu ermitteln, welche Nachteile den Mitarbeitern durch die konkrete Maßnahme entstehen. Sodann ist zu versuchen, diese **Nachteile vollständig auszugleichen.** Sollte nur ein geringer Nachteilsausgleich erforderlich sein, weil zB eine hohe Wahrscheinlichkeit der raschen Weitervermittlung am Arbeitsmarkt besteht, oder sollte der Nachteilsausgleich nicht vollständig möglich sein, weil das Unternehmen wirtschaftlich objektiv nicht in der Lage ist, diese Nachteile vollständig auszugleichen, wird dies im Rahmen der Einigungsstelle und eines Spruchs angemessen zu berücksichtigen sein.

Praxistipp

Ebenso ist zu prüfen, ob neben dem Unternehmen auch eine Konzerndurchgriffshaftung in Betracht kommen kann. Dies gilt insbes. für Unternehmen, die mit anderen Konzernunternehmen Gewinnabführungs- und Beherrschungsverträge abgeschlossen haben. Die Rechtsprechung hat die Hürden für eine Durchgriffshaftung jedoch sehr hoch gelegt, so dass dies in der Praxis der Ausnahmefall sein wird.

83. Was ist ein substanzieller Nachteilsausgleich?

Der substanzielle Nachteilsausgleich gleicht die Einkommensminderung aus, die ein Arbeitnehmer (ggf. auch nach Arbeitslosigkeit) erleidet, bis er wieder in ein neues Arbeitsverhältnis eintritt. Dabei ist die Kündigungsfrist zu beachten sowie die statistische Wahrscheinlichkeit, eine Anschlussbeschäftigung zu finden.

Beispiel

Arbeitnehmer A wird betriebsbedingt gekündigt. Die Kündigungsfrist beträgt fünf Monate, statistisch findet der Arbeitnehmer nach sieben Monaten eine Anschlussbeschäftigung. Während der laufenden Kündigungsfrist hat der Arbeitnehmer keine finanziellen Nachteile, der substantielle Nachteilsausgleich fokussiert sich somit auf die zwei Monate nach Ablauf der Kündigungsfrist und muss diese ausgleichen oder zumindest deutlich mildern.

Der Sozialplan muss – unter dem Vorbehalt seiner wirtschaftlichen Vertretbarkeit – zumindest so dotiert ist, dass seine Leistungen eine substanzielle Milderung der wirtschaftlichen Nachteile der Beschäftigten darstellen. Dann ist er **nicht ermessensfehlerhaft.** Die Entscheidung, ob und welche Nachteile der von einer Betriebsänderung betroffenen Arbeitnehmer durch die Sozialplanleistungen ganz oder teilweise ausgeglichen und welche lediglich gemildert werden sollen, liegt im Ermessen der Einigungsstelle. Hierbei verfügt sie – ebenso wie die Betriebsparteien – über einen Gestaltungsspielraum. Zudem kommt ihr bei der Bestimmung der ausgleichsbedürftigen Nachteile ein Beurteilungsspielraum zu (BAG 7.5.2019 – 1 ABR 54/17).

Praxistipp

Das kann für den Betriebsrat in den Verhandlungen zu einer bitteren Pille werden. Die Erwartungshaltung an Abfindungssummen und die Realität der Durchsetzbarkeit können hier schnell sehr weit auseinander gehen.

84. Was ist ein Bemessungsdurchgriff?

Von einem Bemessungsdurchgriff spricht man, wenn für die Frage der Gesamtdotierung eines Sozialplanvolumens nicht nur die wirtschaftliche Leistungsfähigkeit des betroffenen Unternehmens berücksichtigt wird, sondern auch auf eine wirtschaftlich besser gestellte Konzernobergesellschaft zurückgegriffen wird und der Gesamtdotierungsrahmen auch aus deren finanziellen Mitteln verpflichtend bedient wird. Indikatoren dafür können sein:

- Cash Pooling
- Gewinnabführungsverträge
- Beherrschungsverträge
- Existenzvernichtende Eingriffe

Praxistipp

Die Diskussion über einen Bemessungsdurchgriff setzt fundierte Beratung des Betriebsrats in rechtlicher und wirtschaftlicher Hinsicht voraus. Es handelt sich mit um das schwierigste Kapitel im Rahmen von Sozialplanverhandlungen.

85. Wann kommt ein Bemessungsdurchgriff (nur) erzwingbar in Betracht?

Ein Bemessungsdurchgriff kommt nur dann erzwingbar in Betracht, wenn die betroffene Gesellschaft die Mittel für einen substanziellen Nachteilsausgleich **nicht alleine** leisten kann.

Ein Sozialplan muss – als Untergrenze – mindestens Leistungen vorsehen, die noch als spürbare Milderung der wirtschaftlichen Nachteile angesehen werden können. § 112 Abs. 1 S. 2 BetrVG verlangt eine substanzielle Milderung der mit der Betriebsänderung einhergehenden wirtschaftlichen Nachteile. Stellen die vorgesehenen Leistungen eine noch ausreichend substanzielle Milderung der mit einer Betriebsänderung verbundenen wirtschaftlichen Nachteile für die Arbeitnehmer dar, kommt es auf die Frage eines Bemessungsdurchgriffs nicht an (BAG 7.5.2019 – 1 ABR 54/17).

86. Müssen die Arbeitsmarktchancen der Mitarbeiter bei der Festsetzung der Abfindungen im Rahmen des Sozialplans durch Spruch bei der Höhe berücksichtigt werden?

Ja, die den Mitarbeitern konkret entstehenden Nachteile werden geringer einzuschätzen sein, wenn die Arbeitsmarktchancen objektiv gut sind, als in dem Fall, dass auf dem Arbeitsmarkt für die betroffenen Berufsgruppen eine Übersättigung herrscht. Auch kann das Alter oder die konkrete Qualifikation für diese Frage eine erhebliche Rolle spielen. Zu dieser Frage sieht das Gesetz vor, dass man den **Vorstand der Agentur für Arbeit** im Rahmen der Einigungsstelle zu diesen Fragen sachverständig **anhören** kann, sofern dies von einer Partei gewünscht wird (vgl. § 112 BetrVG).

87. Kann der Vorstand der Agentur für Arbeit im Rahmen der Einigungsstelle angehört werden?

Ja, dies erfolgt auch in den Fällen, in denen sich die **Betriebsparteien uneinig** sind über die Vermittelbarkeit der einzelnen betroffenen Arbeitnehmergruppen und somit der Einschätzung der tatsächlichen Arbeitsmarktchancen.

88. Gibt es im Rahmen einer Einigungsstelle einen Sozialplan mit dem Volumen „Null Euro"?

Sofern im Rahmen der Ermittlung des wirtschaftlichen Status des Arbeitgebers herauskommt, dass **tatsächlich nichts** für die Verteilung an die Mitarbeiter **zur Verfügung stehen sollte,** ohne den Fortbestand des Unternehmens zu gefährden oder gar eine Insolvenzreife herbeizuführen, kann der Spruch der Einigungsstelle zu einem Nullsozialplan führen.

Praxistipp

Das LAG Hamm (26.10.2021 – 7 TaBV 19/21) vertritt die Auffassung, dass ein „Sozialplan 0" bereits tatbestandlich keinen Sozialplan iSd § 112 Abs. 1 S. 2 BetrVG darstellt und sei daher mit der vom Gesetzgeber in § 112 Abs. 4 BetrVG festgeschriebenen Erzwingbarkeit von Sozialplänen nicht vereinbar. Das Bundesarbeitsgericht wird sich hierzu im November 2022 (1 ABR 28/21) äußern.

89. Können im Rahmen eines Spruchs Teilzahlungen auf Abfindung im Sozialplan festgelegt werden?

Ja, konkrete Teilzahlungen können durch die Einigungsstelle auch durch Spruch festgelegt werden. Diese könnten sich durch unterschiedliche Verwertungszeitpunkte ergeben.

Praxistipp

Diese Möglichkeit kommt in Betracht, wenn der Arbeitgeber in naher Zukunft einen Zufluss von liquiden Mitteln erwartet, zum Zeitpunkt des Spruchs diese aber eben noch nicht vorhanden sind. Der Auszahlungsanspruch der Mitarbeiter kann dann gestaffelt werden. Alternativ müsste bis zur tatsächlichen Erreichung der Liquidität mit dem Spruch abgewartet werden, was im Widerspruch zur raschen Durchführung des Einigungsstellenverfahrens steht.

90. Können weitere Abfindungszahlungen im Sozialplan durch Spruch von ungewissen Ereignissen (zB Verkauf von Assets) abhängig gemacht werden?

Ja, aber in engen Grenzen. Die Einigungsstelle erfüllt ihren Regelungsauftrag nicht, wenn sie lediglich Bestimmungen über die Verteilung eines möglichen Sozialplanvolumens trifft, ohne den Umfang der vom Unternehmen zur Verfügung zu stellenden Finanzmittel festzulegen. Solange ihr dies mangels Kenntnis späterer Verwertungserlöse nicht möglich erscheint, muss sie mit einer abschließenden Beschlussfassung zuwarten oder zumindest ein eindeutiges, möglichen Manipulationen unzugängliches Verfahren vorsehen, mittels dessen die offenen Fragen geklärt werden können (BAG 26.5.2009 – 1 ABR 12/08).

Beispiel

Der Arbeitgeber erwartet irgendwann in den nächsten drei Jahren einen Verkaufserlös durch die Veräußerung von betriebseigenen Spezialmaschinen. Zeitpunkt und Erlös sind ungewiss. Dies kann bei einem Spruch über das Volumen des Sozialplans nicht berücksichtigt werden.

91. Muss die Einigungsstelle im Rahmen eines Sozialplans den Umfang der vom Unternehmen zur Verfügung zu stellenden Finanzmittel festlegen?

Ja, die Einigungsstelle erfüllt ihren Regelungsauftrag nach § 112 Abs. 4 BetrVG nicht, wenn sie lediglich Bestimmungen über die Verteilung eines möglichen Sozialplanvolumens trifft, ohne den Umfang der vom Unternehmen zur Verfügung zu stellenden Finanzmittel festzulegen.

Praxistipp

Solange ihr dies mangels Kenntnis späterer Verwertungserlöse nicht möglich erscheint, muss sie mit einer abschließenden Beschlussfassung zuwarten oder zumindest ein eindeutiges, möglichen Manipulationen unzugängliches Verfahren vorsehen, mittels dessen die offenen Fragen geklärt werden können (BAG 26.5.2009 – 1 ABR 12/08).

92. Kann im Rahmen einer Einigungsstelle im Sozialplan oder durch Spruch eine „Turboprämie" vereinbart bzw. festgesetzt werden?

Nein, in dem Sozialplan bzw. Spruch der Einigungsstelle selbst darf keine Turboprämie enthalten sein. Unter Turboprämie versteht man eine **Zahlung dafür,** dass der betroffene Mitarbeiter **keine Kündigungsschutzklage** erhebt bzw. eine bereits erhobene Klage wieder zurücknimmt. Zulässig ist es dagegen, neben einem Sozialplan eine weitere freiwillige Betriebsvereinbarung abzuschließen, welche die Gewährung weiterer Leistungen davon abhängig macht, dass der Arbeitnehmer keine Kündigungsschutzklage erhebt (sog. „Freiwillige Betriebsvereinbarung Turboprämie"). Im Ergebnis muss der Mitarbeiter jedoch eine tatsächlich ausreichende Milderung seiner Nachteile erfahren (BAG 31.5.2005 – 1 AZR 254/04).

93. Kann in der Einigungsstelle zum Thema Interessenausgleich und Sozialplan durch den Arbeitgeber eine Auswahlrichtlinie (Punkteschema für Kündigungen) vereinbart werden?

Ja, die Parteien können und sollten sich über ein Punkteschema einigen, dass den Arbeitgeber bei der Sozialauswahl **an objektive Kriterien bindet.** Gerichtlich anerkannte Punkteschemata könnten wie folgt aussehen:

Kriterium	**Anzahl Punkte**
Lebensalter	1 Punkt je Lebensalter bis max. 55 Jahre
Betriebszugehörigkeit	bis zu 10 Jahren **1 Punkt;** ab dem 11. Jahr **2 Punkte**
Unterhaltspflichten	je unterhaltsberechtigtem, auf der Lohnsteuerkarte eingetragenem Kind **3 Punkte, 4 Punkte** für Ehepartner

Schwerbehinderung	ab 50 GdB **5 Punkte,** darüber pro je weiteren 10% GdB jeweils **1 weiterer Punkt**

oder

Kriterium	**Anzahl Punkte**
Lebensalter	**1 Punkt** je vollendetes Lebensjahr (max. 55 Punkte)
Betriebszugehörigkeit	bis zu 10 Jahren je Jahr **1,5 Punkte,** ab dem 11. Jahr je Jahr **2 Punkte,** max. 75 Punkte
Unterhaltspflichten	**5 Punkte** je kindergeldberechtigtem Kind, **4 Punkte** für Ehepartner
Schwerbehinderung	**1 Punkt** je 10% GdB

94. Kann der Betriebsrat aus dem Spruch die Zwangsvollstreckung betreiben, wenn die Einigungsstelle entschieden hat, welche Auskünfte der Wirtschaftsausschuss erhält?

Nein, das kann der Betriebsrat nicht. Soweit der Arbeitgeber trotz eines Spruchs der Einigungsstelle die Auskunft nicht erteilt, muss der Betriebsrat (nicht der Wirtschaftsausschuss) ein **arbeitsgerichtliches Beschlussverfahren** einleiten. Der Spruch der Einigungsstelle ist dann Anspruchsgrundlage für das Begehren des Betriebsrats im Gerichtsverfahren. Die Zwangsvollstreckung erfolgt dann aus der rechtskräftigen gerichtlichen Entscheidung. In Eilfällen besteht zudem die Möglichkeit, den Erlass einer einstweiligen Verfügung zu beantragen.

Praxistipp

Ein solches Verhalten des Arbeitgebers stellt gleichzeitig einen groben Verstoß gegen seine Verpflichtungen aus dem Betriebsverfassungsgesetz dar und ist gem. § 23 Abs. 3 BetrVG bei Erfüllung der sonstigen Voraussetzungen mit einem Ordnungsgeld sanktioniert.

95. Muss der Betriebsrat zur Erlangung von wirtschaftlichen Informationen immer über Wirtschaftsausschuss und Einigungsstelle gehen?

Nein, das muss der Betriebsrat nicht. Neben dem Auskunftsanspruch des Wirtschaftsausschusses gem. §§ 106, 109 BetrVG kann der **Betriebsrat** seinen **eigenen Auskunftsanspruch** gem. § 80 Abs. 2 BetrVG geltend machen. Dies setzt voraus, dass die begehrten Auskünfte mit einer Aufgabe des Betriebsrats in Verbindung stehen. Der Betriebsrat erhält nur anlassbezogene Auskünfte, was beispielsweise bei den Verhandlungen über einen Sozialplan der Fall sein kann.

Praxistipp

Im Ergebnis bedeutet dies, dass der Betriebsrat auf Verlangen des Arbeitgebers näher darlegen und begründen muss, weshalb er die begehrten Auskünfte und Unterlagen wünscht. Der Wirtschaftsausschuss bedarf einer solchen Darlegung und Begründung nicht. Der Betriebsrat kann bei einer Weigerung des Arbeitgebers die Auskunft über das Arbeitsgericht einklagen. Es steht dem Betriebsrat ebenso frei, in eigenem Namen ein Beschlussverfahren beim Arbeitsgericht einzuleiten und gleichzeitig für den Wirtschaftsausschuss parallel das Einigungsstellenverfahren anzustrengen.

→ *Muster 4: Tagesordnung und Beschlussanträge Auskunftserteilung*

96. Kann der Betriebsrat für den Wirtschaftsausschuss statt dem Einigungsstellenverfahren ein Beschlussverfahren auf Auskunftserteilung erfolgreich einleiten?

Nein, das kann der Betriebsrat nicht. Ein im arbeitsgerichtlichen Beschlussverfahren angebrachtes Begehren, das der Primärzuständigkeit der Einigungsstelle unterfällt, ist nur dann zulässig, wenn zuvor das in § 109 BetrVG vorgesehene Konfliktlösungsverfahren durchgeführt wurde (BAG 12.2.2019 – 1 ABR 37/17).

Praxistipp

Es geht also um die Frage, wer für wen das Gerichtsverfahren betreibt.

III. Das Verfahren zur Einsetzung der Einigungsstelle

Nicht immer sind sich die Betriebsparteien über die Anrufung der Einigungsstelle einig, die Praxis zeigt vielmehr, dass die Anrufung von einer der beiden Betriebsparteien forciert, von der anderen gebremst wird. In diesem Kapitel werden daher die Fragen behandelt, wie eine der Betriebsparteien die Einsetzung der Einigungsstelle erreichen kann und mit welchen Gegenargumenten sich diese Betriebspartei gegebenenfalls auseinandersetzen muss.

97. Kann der Betriebsrat die Einigungsstelle anrufen, wenn die Verhandlungen mit dem Arbeitgeber nicht erfolgreich sind oder stocken?

Ja, der Betriebsrat kann die Einigungsstelle anrufen, wenn die geführten **Verhandlungen** entweder aufgrund inhaltlicher Differenzen oder zeitlicher Momente **nicht so** verlaufen, **wie es den Vorstellungen** des Betriebsrats **entspricht.**

→ *Muster 5: Tagesordnung und Beschlussfassung über das Anrufen der Einigungsstelle*

Praxistipp

Ob ein Rechtschutzbedürfnis für die Bildung einer Einigungsstelle zu bejahen ist, weil Verhandlungen verweigert oder mit Verständigungswillen geführte Verhandlungen gescheitert sind, bleibt der subjektiven Einschätzung jedes Betriebspartners überlassen, die nicht offensichtlich unbegründet sein darf (LAG München 25.3.2021 – 3 TaBV 3/21).

98. Der Arbeitgeber verweigert seine Verhandlungsbereitschaft, muss der Betriebsrat sich trotzdem um Verhandlungen bemühen?

Nein, das muss der Betriebsrat nicht. Angelegenheiten vor der Einigungsstelle sollen schnell erledigt werden. Aus diesem Grund ist es **nicht erforderlich,** dass die Betriebspartner ernsthaft, aber **erfolglos verhandelt** haben; vielmehr reicht es aus, wenn der Arbeitgeber Verhandlungen über das Regelungsverlangen – gleich aus welchen Gründen – ausdrücklich oder konkludent abgelehnt hat (LAG Hamm 9.8.2004 – 10 TaBV 81/04).

99. Aus Sicht einer Betriebspartei sind die Verhandlungen noch nicht gescheitert, was nun?

Dies ist letztlich nicht relevant. Sobald **eine der Betriebsparteien** aus ihrer Sicht die Verhandlungen außerhalb der Einigungsstelle für gescheitert ansieht, steht dieser die Möglichkeit zu, das **Einigungsstellenverfahren anzustrengen.**

Praxistipp

Oftmals stößt die Auffassung des Betriebsrats, die Verhandlungen seien außerhalb der Einigungsstelle gescheitert, beim Arbeitgeber auf Unverständnis. Vom Arbeitgeber wird in diesen Fällen vorgetragen, aus seiner Sicht seien die Verhandlungen noch nicht gescheitert. Dies ist jedoch rechtlich nicht relevant. Soweit der Betriebsrat die Einsetzung der Einigungsstelle über das Arbeitsgericht begehrt, ist es nicht Aufgabe des Arbeitsgerichts im Detail zu prüfen, ob die Verhandlungen tatsächlich gescheitert sind. Mit einem solchen Argument wird der Arbeitgeber der Einsetzung der Einigungsstelle nicht erfolgreich entgegentreten können.

100. Können Verhandlungen scheitern, bevor überhaupt Informationen ausgetauscht wurden?

Ja, die Verhandlungen können scheitern, bevor überhaupt Informationen ausgetauscht wurden. Ein

Scheitern der Verhandlungen kann bereits dann vorliegen, wenn nach der subjektiven Einschätzung einer der beiden Betriebsparteien eine inhaltliche **Regelung nicht** ohne fremde Hilfe **möglich** sein wird. Dass Einigungsstellenverfahren soll gerade in diesem Fall dazu dienen, die geschwundene vertrauensvolle Zusammenarbeit zwischen Arbeitgeber und dem Betriebsrat wiederherzustellen.

Praxistipp

Die Verhandlungen zwischen den Betriebsparteien werden teilweise in eine sog. Informationsphase und Verhandlungsphase unterteilt. Dabei ist oft zu hören, dass die Verhandlungen vor dem offiziellen Eintritt in die Verhandlungsphase gedanklich gar nicht scheitern können, da bist diesem Zeitpunkt noch gar nicht verhandelt worden sei. Dies trifft jedoch nicht zu, eine Betriebspartei kann bereits vor dem Beginn eines Situationsaustauschs die Entscheidung treffen, dass Verhandlungen außerhalb der Einigungsstelle nicht zielführend sein werden und damit die Verhandlungen für gescheitert erklären.

101. Welche Anforderungen dürfen die Gerichte an das Scheitern der Verhandlungen stellen?

Die Anforderungen an die Feststellung des Scheiterns von Verhandlungen dürfen nicht überspannt werden. Haben die Betriebspartner über die zu regelnde mitbestimmungspflichtige Angelegenheit **ernsthaft miteinander** verhandelt und hat dabei die eine Seite die Kernelemente ihrer künftigen Verhandlungsposition gegenüber der anderen Seite dargestellt, kann sie vom Scheitern des innerbetrieblichen Einigungsversuchs ausgehen, wenn die andere Seite keine Verhandlungsbereitschaft zeigt.

Dies gilt ebenso, wenn zwar zügig und ernsthaft in Verhandlungen eingetreten wird, hiernach jedoch eine der Seiten nach ihrer nicht **offensichtlich unbegründeten subjektiven Einschätzung** Anlass zu der Annahme hat, dass die Verhandlungen nicht oder zumindest nicht in absehbarer Zeit zum Erfolg führen (ArbG München 8.1.2021 – 31 BV 368/20).

102. Muss der Betriebsrat das Scheitern der Verhandlungen beschließen?

Ja, der Betriebsrat muss die Tatsache des Scheiterns der Verhandlungen in der Betriebsratssitzung beschließen.

→ Muster 5: Tagesordnung und Beschlussfassung über das Anrufen der Einigungsstelle

103. Muss der Betriebsrat darüber hinaus neben dem Scheitern der Verhandlungen noch weitere Dinge beschließen?

Ja, der Betriebsrat muss neben dem Scheitern der Verhandlungen beschließen,

- dass die **Einigungsstelle angerufen** wird
- wer der **Vorsitzende** der Einigungsstelle sein soll
- wie viele **Beisitzer** die Einigungsstelle haben soll
- wer die **Beisitzer** der Einigungsstelle **auf Seiten des Betriebsrats** sind.

Praxistipp

Der Betriebsrat sollte auch gleich die Einleitung eines Beschlussverfahrens zur gerichtlichen Einsetzung der Einigungsstelle beschließen, falls der Arbeitgeber nicht innerhalb einer bestimmten Frist der Einsetzung zustimmt.

→ Muster 5: Tagesordnung und Beschlussfassung über das Anrufen der Einigungsstelle

104. Muss der Betriebsrat den Arbeitgeber über den Beschluss informieren?

Ja, der Betriebsrat muss den Arbeitgeber über den Beschluss des Scheiterns der Verhandlungen informieren und ihm das Begehren des Betriebsrats zur Anrufung der Einigungsstelle mitteilen.

→ Muster 6: Anschreiben an den Arbeitgeber

105. Müssen sich die Betriebsparteien auf die Bildung der Einigungsstelle einigen?

Nein, die Parteien müssen sich grundsätzlich nicht auf die Bildung einer Einigungsstelle einigen. Das Gesetz geht zwar in § 76 BetrVG davon aus, dass die Einigungsstelle grundsätzlich einvernehmlich eingerichtet wird. Wenn ein solches Einvernehmen aber nicht zwischen den Betriebsparteien hergestellt werden kann, kann die **Einsetzung der Einigungsstelle** auch **über das Arbeitsgericht** gem. § 100 ArbGG beantragt werden. Dabei ist jedoch zu beachten, dass teilweise nur der Arbeitgeber, teilweise nur das Betriebsratsgremium antragsberechtigt ist. In freiwilligen Angelegenheiten, die nicht der echten Mitbestimmung unterliegen (beispielsweise die sonstigen sozialen Angelegenheiten gem. § 88 BetrVG) kann eine Einigungsstelle nur einvernehmlich eingerichtet werden. Eine gerichtliche Einsetzung ist in diesen Fällen nicht möglich.

→ *Muster 7: Tagesordnung und Beschlussfassung zur gerichtlichen Einsetzung*

106. Müssen sich die Betriebsparteien auf den Vorsitzenden einigen?

Nein, das müssen die Betriebsparteien nicht. Das Gesetz geht in § 76 BetrVG zwar grundsätzlich davon aus, dass sich die Betriebsparteien über die Person des Vorsitzenden einig werden. Kann jedoch keine Einigung erzielt werden, steht es jeder Betriebspartei frei, die **Einsetzung** der Einigungsstelle unter der Leitung des von ihm favorisierten Vorsitzenden **beim Arbeitsgericht** gem. § 100 ArbGG zu **beantragen.**

107. Kann ein Mitarbeiter des Unternehmens Einigungsstellenvorsitzender sein?

Ja, das ist grundsätzlich möglich, wenn auch **nicht ratsam.** Der Vorsitzende muss unparteiisch sein, so schreibt es das Gesetz vor. Einigen sich die Parteien auf eine Person, so kommt darin zugleich zum Ausdruck, dass beide Parteien diese Person für unparteiisch halten. Sie können deshalb mit der Aufgabe des Einigungsstellenvorsitzenden auch einen Betriebsangehörigen betrauen. Bestellt dagegen das Arbeitsgericht den Vorsitzenden, weil eine Einigung über seine Person nicht zustande kommt, so kann er regelmäßig kein Betriebsangehöriger sein.

Praxistipp

In der Regel dürfte eine betriebliche Person als Einigungsstellenvorsitzender nicht in Betracht kommen, da eine Parteilichkeit aufgrund des Abhängigkeitsverhältnisses zum Arbeitgeber vorliegen dürfte.

108. Wie erfährt der Einigungsstellenvorsitzende, dass er zum Vorsitzenden bestimmt wurde?

Im Normalfall wird sich eine Betriebspartei vor Anrufung der Einigungsstelle und der konkreten Beschlussfassung durch den Betriebsrat **telefonisch** oder per E-Mail an den potentiellen Vorsitzenden wenden und **nachfragen,** ob er zu welchen Bedingungen bereit und in der Lage wäre, den Vorsitz der Einigungsstelle zu übernehmen. Bejahendenfalls wird dann entsprechender Beschluss durch den Betriebsrat gefasst und der Arbeitgeber aufgefordert, diesem Vorschlag zuzustimmen. Auch ist es möglich, dass sich die Parteien erst einvernehmlich auf den Vorsitzenden einigen und dann bei ihm nachfragen. Auch können die Betriebsparteien Ersatzvorsitzende festlegen.

→ *Muster 8: Anschreiben an den Einigungsstellenvorsitzenden*

109. Kann der geplante Vorsitzende die Übernahme der Einigungsstelle ablehnen?

Ja, der geplante Einigungsstellenvorsitzende kann die Übernahme ablehnen.

Praxistipp

Die jeweiligen Betriebsparteien sind daher gut beraten, bei dem auserkorenen Vorsitzenden vorab anzufragen, ob dieser zu einer Übernahme bereit ist und wie dessen Terminkalender bereits gefüllt ist.

110. Müssen sich die Betriebsparteien auf die Anzahl der Beisitzer einigen?

Nein, die Betriebsparteien müssen sich nicht auf die Anzahl der Beisitzer einigen. **In der Regel** liegt die Anzahl der Beisitzer zwischen **2–5 Personen pro Seite.** Dies hängt im Wesentlichen von der Komplexität der Angelegenheit, der rechtlichen Schwierigkeit und Erfahrenheit der Betriebsparteien sowie zum Teil auch von der Betriebsgröße ab. Können sich die Betriebsparteien nicht über die Anzahl der Beisitzer einigen, kann eine der Parteien die **gerichtliche Einsetzung** der Einigungsstelle mit der von ihr favorisierten Anzahl der Beisitzer **beantragen.**

111. Wie viele Beisitzer müssen beschlossen werden?

Hierfür gibt es **keine fest vorgeschriebene Zahl.** Üblicherweise wird die Einigungsstelle mit jeweils 2–5 Beisitzern pro Seite besetzt. Der Betriebsrat muss sich bei der Frage, wie viele Beisitzer beschlossen werden sollen, von dem Gedanken leiten lassen, wie schwierig die Angelegenheit ist, wie hoch die Fachkunde und Verhandlungserfahrung der Betriebsräte ist und ob neben den Betriebsräten weitere externe Beisitzer mit beschlossen werden sollen. Zum Teil wird bei der Frage auch auf die jeweilige Größe des Betriebs abgestellt. In der Regel ist die Einigungsstelle auf Seiten des Betriebsrats durch den Vorsitzenden, den Stellvertreter und einen Rechtsanwalt als externer Beisitzer, somit mit drei Personen, besetzt.

Praxistipp

Zwischen dem Betriebsrat und dem Arbeitgeber muss Einigkeit über die Anzahl der Beisitzer bestehen. Der Betriebsrat wird von Haus aus eher ein Interesse an vielen Beisitzern haben, der Arbeitgeber von Haus aus ein Interesse an wenigen Beisitzern, so dass in der Regel ein Kompromiss geschlossen wird.

112. Können Betriebsratsmitglieder verpflichtet werden, an der Einigungsstelle teilzunehmen?

Nein, Betriebsratsmitglieder können nicht gezwungen werden, die Position des Beisitzers in der Einigungsstelle zu übernehmen. Es handelt sich dabei nicht um eine Amtspflicht des Betriebsrats. Ebenso kann auch ein Arbeitnehmer (kein Mitglied des Betriebsrats) nicht gezwungen werden, die Aufgabe zu übernehmen.

113. Muss der Betriebsrat Ersatzmitglieder als Beisitzer beschließen?

Der Betriebsrat kann dies beschließen, es ist aber nicht zwangsweise notwendig. Gleichwohl ist dies **sinnvoll.**

Praxistipp

Der Betriebsrat sollte immer im Auge behalten, dass es zu Abstimmungen in der Einigungsstelle kommen kann. Wenn ein Einigungsstellenmitglied verhindert ist, fällt diese Stimme nicht einem anderen Mitglied zu. Es ist daher mehr als ratsam, Ersatzmitglieder in einer Betriebsratssitzung zu beschließen, ohne einen solchen Beschluss ist ein Betriebsrat kein Beisitzer, kann also nicht „einfach so" an Sitzungen und Abstimmungen der Einigungsstelle teilnehmen.

114. Können die Beisitzer auch externe Personen sein?

Ja, die Bestellung der Beisitzer obliegt einzig dem **Auswahlermessen der jeweiligen Betriebspartei.** Dies gilt auch für die Frage, ob ein betriebsangehöriger oder externer Beisitzer bestimmt wird. In der Regel beschließt der Betriebsrat, dass ein Beisitzer ein externer Rechtsanwalt ist. Es wird sogar für zulässig erachtet, dass die Einigungsstelle nur von externen Personen besetzt wird (LAG Düsseldorf 1.8.1995 – 6 TaBV 40/95).

Praxistipp

Die Mitbestimmungstatbestände sind rechtlich komplex, die Verhandlungen vor der Einigungsstelle setzten zudem Praxiserfahrung und taktisches Verhandlungsgeschick voraus. Betriebsräte (wie auch die Arbeitgeber) entscheiden sich in der Regel daher für einen Rechtsanwalt als externen Beisitzer. Soweit der Betriebsrat diesen Beschluss fasst, kann der Arbeitgeber dies nicht unterbinden oder verwehren.

→ *Muster 9: Tagesordnung und Beschlussfassung zur Benennung eines Rechtsanwalts als Beisitzer*

115. Kann sich der Betriebsrat durch einen Rechtsanwalt als Verfahrensbevollmächtigter vertreten lassen?

Ja, der Betriebsrat kann die Vertretung durch einen Rechtsanwalt als Verfahrensbevollmächtigter beschließen. Dies auch **neben der Besetzung** durch einen Rechtsanwalt oder Gewerkschaftsvertreter **als Beisitzer.**

→ *Muster 10: Beschlussfassung über die Beauftragung eines Rechtsanwalts als Verfahrensbevollmächtigter*

116. Was ist der Unterschied zwischen dem Rechtsanwalt als Beisitzer und als Verfahrensbevollmächtigter?

Die Unterschiede lassen sich tabellarisch wie folgt darstellen:

Sachverhalt	Beisitzer	Verfahrensbevollmächtigter
Stimmberechtigung	Ja	Nein
Weisungsgebundenheit	Nein	Ja
Beschlussfassung des BR kann auf Erforderlichkeit überprüft werden	Nein	Ja
Kostentragung durch den Arbeitgeber	§ 76a BetrVG, soweit keine Vereinbarung getroffen wurde, 7/10 des Honorars des Einigungsstellen-Vorsitzenden	§ 40 BetrVG, der Arbeitgeber hat die erforderlichen Kosten zu tragen, die Höhe des Honorars richtet sich nach dem sog. Gegenstandswert

Praxistipp

Es macht in der Regel im Rahmen des Abstimmungsverhaltens keinen Unterschied, ob der Rechtsanwalt als Beisitzer oder als Verfahrensbevollmächtigter durch den Betriebsrat beschlossen wurde. Bei einer Beschlussfassung zum Beisitzer besteht für den Betriebsrat der Vorteil, dass der Arbeitgeber diese Beschlussfassung nicht auf die Erforderlichkeit eines externen Beisitzers hinterfragen kann.

117. Müssen sich die Parteien auf den inhaltlichen Gegenstand der Einigungsstelle einigen?

Nein, die Parteien müssen sich grundsätzlich nicht auf den Gegenstand der Einigungsstelle einigen. Dies ist **nur dann der Fall,** wenn Gegenstand der Einigungsstelle eine **freiwillige, nicht erzwingbare Regelung** sein soll. In erzwingbaren Regelungen steht es jeder Betriebspartei frei, die Initiative zum Abschluss einer Vereinbarung zu ergreifen.

Beispiel

Der Betriebsrat verlangt vom Arbeitgeber die Einführung eines Gleitzeitsystems. Der Arbeitgeber sträubt sich gegen die Einführung eines solchen Systems. Daher ist der Arbeitgeber nicht mit dem Gegenstand „Betriebsvereinbarung Gleitzeitsystem" für die Einigungsstelle einverstanden. Die Einführung eines Gleitzeitsystems unterliegt der Mitbestimmung gem. § 87 Abs. 1 Nr. 2 BetrVG, der Betriebsrat hat ein Initiativrecht.

Soweit zwischen den Parteien **keine Einigung** über den Gegenstand des Einigungsstellenverfahrens hergestellt werden kann, kann die Einsetzung der Einigungsstelle über das **Arbeitsgericht** gem. § 100 ArbGG von einer der Parteien beantragt werden. Sowohl im Fall der einvernehmlichen Einsetzung der Einigungsstelle wie auch im Fall der gerichtlich beantragten Einsetzung der Einigungsstelle, müssen die Betriebsparteien sehr genau darauf achten, was Gegenstand der Verhandlungen vor der Einigungsstelle sein soll.

Beispiel

Der Arbeitgeber und der Betriebsrat haben sich auf die Einrichtung einer Einigungsstelle zum Thema „Betriebsvereinbarung Provisionsplan" verständigt. Gegenstand des Provisionsplans ist die Frage, wie einzelne vom Arbeitgeber angebotene Produkte für Mitarbeiter des Vertriebes verprovisioniert werden und in welchem Verhältnis die einzelnen Provisionssätze zueinander stehen. Der Arbeitgeber will im Rahmen der Einigungsstelle ebenso Regelungen für die Aufstellung von Zielvereinbarungen, dass Zielvereinbarungsgespräch, die jährliche Zielermittlung sowie Auszahlungsmodalitäten vereinbaren. Dabei handelt es sich um andere rechtliche Gegenstände als „Betriebsvereinbarung Provisionsplan". Soweit sich bezüglich der weiteren Punkte keine einvernehmliche Einigung in der Einigungsstelle erzielen lässt, können diese nicht Gegenstand eines Spruchs der Einigungsstelle sein.

118. Muss der Betriebsrat ein Gerichtsverfahren beschließen, wenn der Arbeitgeber die Einigungsstelle nicht „will"?

Ja, soweit der Arbeitgeber der Einsetzung der Einigungsstelle nicht zustimmt, muss der Betriebsrat beim Arbeitsgericht die Einsetzung der Einigungsstelle beantragen.

→ *Muster 7: Tagesordnung und Beschlussfassung zur gerichtlichen Einsetzung*

119. Wie lange dauert die gerichtliche Einsetzung der Einigungsstelle?

Die gerichtliche Einsetzung der Einigungsstelle dauert in der ersten Instanz nach den gesetzlichen Bestimmungen **maximal vier Wochen ab Einreichung des Antrags.** Die Entscheidung (Beschluss) des Vorsitzenden **soll** den Beteiligten innerhalb von zwei Wochen nach Eingang des Antrags zugestellt werden; er **muss** den Beteiligten spätestens innerhalb von vier Wochen nach Eingang des Antrags zugestellt sein. Die Einlassungs- und Ladungsfristen betragen 48 Stunden, über den Antrag entscheidet der Vorsitzende Richter der Kammer ohne die ehrenamtlichen Richter. Damit stellt das Einsetzungsverfahren gem. § 100 ArbGG eine Besonderheit innerhalb der arbeitsgerichtlichen Beschlussverfahren dar. Gegen die Entscheidung findet das Rechtsmittel der „Beschwerde" statt.

120. Kann die Einsetzung vom Bundesarbeitsgericht entschieden werden?

Nein, das geht nicht. Gegen die Entscheidung des Arbeitsgerichts besteht die Möglichkeit, die sog. Beschwerde zum Landesarbeitsgericht einzulegen. Diese muss innerhalb von zwei Wochen eingelegt und begründet sein. Gegen die Entscheidung des Landesarbeitsgerichts gibt es dann kein weiteres Rechtsmittel.

Praxistipp

Im Vergleich zu sonstigen Beschlussverfahren vor dem Arbeitsgericht ist das Verfahren auf Einsetzung der Einigungsstelle durch die Beschränkung auf zwei Instanzen (Arbeitsgericht und Landesarbeitsgericht) und die Verpflichtung zur beschleunigten Verhandlung schnell beendet. Trotzdem kann die durch die Einleitung eines solchen Verfahrens auftretende Verzögerung für eine der beiden Betriebsparteien entscheiden sein. Soweit eine der beiden Betriebsparteien ein gesteigertes Interesse an einer späten Zusammenkunft der Einigungsstelle hat, wird sie die Gegenseite in das arbeitsgerichtliche Verfahren zwingen.

121. Ist eine einstweilige Verfügung auf Einsetzung der Einigungsstelle möglich?

Nein, die Entscheidung über die Besetzung einer Einigungsstelle kann nicht im einstweiligen Verfügungsverfahren ergehen. Dies wird damit begründet, dass das **Verfahren** zur Einsetzung der Einigungsstelle bereits dem **Beschleunigungsgrundsatz** unterliegt. Zudem enthält die Vorschrift des § 76 BetrVG zur Frage der Anrufung eine abschließende vorrangige Regelung (ArbG Ludwigshafen 20.11.1996 – 3 GaBV 3062/96).

122. Was ist das Müller-Prinzip?

Das Müller-Prinzip (auch „Windhund-Prinzip" genannt) betrifft die Frage, welche Person zum Vorsitzenden der Einigungsstelle im gerichtlichen Einsetzungsverfahren ernannt wird. Die Besetzungsfrage kann auftreten, wenn **Betriebsrat und Arbeitgeber sich nicht** über die Person des Vorsitzenden **einigen** können und jede Seite einen eigenen Kandidaten vorschlägt. Letztlich muss diese Frage dann vom Gericht geklärt werden. Das Gericht entscheidet dabei nach dem Grundsatz „wer zuerst kommt, mahlt zuerst".

Beispiel

Der Betriebsrat möchte Herrn A als Einigungsstellenvorsitzenden, der Arbeitgeber Herrn B. Das Gericht wird die Person der Partei benennen, die zuerst die gerichtliche Einsetzung beantragt hat.

123. Wird der Einigungsstellen-Vorsitzende immer nach dem Müller-Prinzip eingesetzt?

Nein, es gibt ebenso Arbeitsgerichte, die versuchen, eigene Vorstellungen bei der Bestellung des Vorsitzenden der Einigungsstelle durchzusetzen, soweit zwischen den Parteien keine Einigung erzielt werden kann. Das Gericht ist an die Vorschläge der Beteiligten hinsichtlich der Person des Einigungsstellenvorsitzenden nicht gebunden. Es kann auch eine von den Beteiligten nicht in Betracht gezogene Person bestellen (LAG Berlin-Brandenburg 1.3.2019 – 2 TaBV 277/19).

Praxistipp

Für die Bestellung des Vorsitzenden der Einigungsstelle kommt es nicht darauf an, ob der Arbeitgeber oder Betriebsrat seinen Vorschlag für den Einigungsstellenvorsitz zuerst gemacht oder bei Gericht eingebracht hat. Vielmehr ist auch dann, wenn keine konkreten Einwendungen gegen den Kandidaten der jeweiligen Gegenseite vorgebracht werden, regelmäßig ein Dritter zu bestellen, um eine Belastung des nachfolgenden Einigungsstellen-Verfahrens zu vermeiden (LAG Berlin-Brandenburg 1.3.2019 – 2 TaBV 277/19).

124. Darf der Arbeitsrichter die Einsetzung der Einigungsstelle verwehren?

Ja, aber das darf der Arbeitsrichter nur **in sehr eingeschränktem Maße.** Gem. § 100 ArbGG hat das Arbeitsgericht die Einigungsstelle einzusetzen, solange die Einigungsstelle nicht offensichtlich unzuständig ist. Diese Voraussetzung liegt vor, wenn bei fachkundiger Beurteilung durch das Gericht sofort erkennbar ist, dass ein Mitbestimmungsrecht des Betriebsrats in der fraglichen Angelegenheit unter keinem denkbaren rechtlichen Gesichtspunkt in Frage kommt. Das Gericht soll sich gerade nicht mit Details und in der Tiefe mit der Frage des Bestehens der Mitbestimmung beschäftigen, dies ist vielmehr Aufgabe der Einigungsstelle selbst, die zu Beginn ihre Zuständigkeit von Amts wegen zu prüfen hat. Insbes. ist auch die Streitfrage, ob die Verhandlungen tatsächlich gescheitert sind oder nicht, keine Frage, die das Gericht vertieft zum Gegenstand seiner Entscheidungsfindung machen darf.

Praxistipp

Oftmals muss dem Gericht leider erst deutlich gemacht werden, dass es in Bezug auf die Einsetzung der Einigungsstelle nur einen eingeschränkten Überprüfungsmaßstab hat und nur bei offensichtlicher Unzuständigkeit die Anträge auf Einsetzung der Einigungsstelle zurückweisen darf.

125. Was sind die häufigsten Gründe für eine offenkundige Unzuständigkeit?

Die häufigsten Gründe für eine offenkundige Unzuständigkeit der Einigungsstelle sind entweder das **Nichtbestehen eines** erzwingbaren **Mitbestimmungstatbestandes** oder die **Unzuständigkeit** des jeweiligen Arbeitnehmergremiums.

Beispiel

Der Arbeitgeber beantragt die Einsetzung der Einigungsstelle in einer freiwilligen Angelegenheit des § 88 BetrVG.

Der Gesamtbetriebsrat ruft die Einigungsstelle in einer Angelegenheit an, die mangels Zuständigkeit nicht in seinen Aufgabenbereich fällt.

126. Muss eine BV erst aufgekündigt sein, bevor eine Partei die Einigungsstelle zur Neuverhandlung gerichtlich erfolgreich einsetzen lassen kann?

Ja, die (alte) Betriebsvereinbarung muss vorher gekündigt werden. Eine Betriebsvereinbarung sperrt, solange sie ungekündigt fortbesteht, die durch sie geregelte Materie mit der Folge, dass eine Einigungsstelle für eine Neuregelung derselben Materie unzuständig ist (ArbG Essen 1.7.2021 – 1 BV 27/21).

127. Muss ein Antrag auf Einsetzung einer Einigungsstelle den Regelungsgegenstand genau bezeichnen?

Ja, auf jeden Fall! Im Verfahren der Einigungsstellenbestellung nach § 100 ArbGG muss stets hinreichend klar sein, über welchen Gegenstand die Einigungsstelle überhaupt verhandeln und gegebenenfalls durch Spruch befinden soll.

Dementsprechend muss der Antragsteller im Bestellungsverfahren zwar nicht den Inhalt der von ihm angestrebten Regelung darlegen, wohl aber hinreichend konkret angeben, über welchen Gegenstand in der Einigungsstelle verhandelt werden soll (LAG Berlin-Brandenburg 17.2.2021 – 4 TaBV 50/21).

IV. Die Stellung des Vorsitzenden und der Beisitzer

Den Betriebsparteien ist in der Regel sehr gut bekannt, welches ihre innerbetrieblichen Rechte und Pflichten nach dem Betriebsverfassungsgesetz sind. Darüber hinaus haben sich viele Regelungen der Betriebsparteien im Laufe der Zeit bezüglich des Umgangs miteinander eingespielt. Die Situation der Einigungsstelle ist oftmals für beide Betriebsparteien vollkommen neu. In diesem Kapitel sollen daher die Fragen behandelt werden, welche Aufgaben, Funktion sowie Rechte und Pflichten der Vorsitzende der Einigungsstelle sowie die Beisitzer haben.

128. Hat das Beisitzermitglied ein imperatives Mandat?

Nein, das hat ein Beisitzer nicht. Der Beisitzer ist lediglich seinem **eigenen Wissen und Gewissen unterworfen.** Soweit es zu einer Abstimmung im Rahmen der Einigungsstelle kommt, kann der Beisitzer nach eigenem Ermessen entscheiden.

129. Kann ein Beisitzer wegen Befangenheit abgelehnt werden?

Nein, es ist im Gegenteil davon auszugehen, dass die Beisitzer die Interessen ihres Betriebspartners oder ihrer Arbeitnehmergruppen einseitig vertreten.

130. Wie werden interne/externe Beisitzer vergütet?

Interne Beisitzer erhalten neben ihrem Gehalt **keine weitere Vergütung. Externe** Beisitzer erhalten ein **Honorar gemäß Vereinbarung** oder pauschal 7/10 des Honorars des Einigungsstellenvorsitzenden.

131. Haften Beisitzer für Handlungen, Erklärungen oder Entscheidungen?

Ja, die Beisitzer der Einigungsstelle haften für die **Verletzung von Geheimhaltungspflichten** oder einen **fehlerhaften Spruch** der Einigungsstelle. Wegen der besonderen Art der Einigungsstelle als ein betriebliches Schlichtungsorgan ist die Haftung jedoch auf **Vorsatz und grobe Fahrlässigkeit** beschränkt. Dies wird damit begründet, dass in der Einigungsstelle ein möglichst unbelastetes und freies Verhandeln möglich sein soll.

132. Kann sich der Beisitzer strafbar machen?

Ja, die Beisitzer der Einigungsstelle können sich strafbar machen:

- Der **Verstoß gegen Geheimhaltungspflichten** ist gem. § 120 Abs. 1 Nr. 1, Abs. 2, 3 BetrVG unter Strafe gestellt.
- Die **Behinderung der Arbeit der Einigungsstelle** zB durch Nicht-Zurverfügungstellung von Unterlagen kann den Straftatbestand des § 119 BetrVG erfüllen.

133. Kann der Vorsitzende wegen Befangenheit abgelehnt werden?

Ja, nach der Rechtsprechung des Senats (BAG 9.5.1995 – 1 ABR 56/94) kann der Vorsitzende einer Einigungsstelle zu jedem Zeitpunkt des Einigungsstellenverfahrens wegen Besorgnis der Befangenheit abgelehnt werden.

→ *Muster 11: Befangenheitsantrag*

134. Wie ist der Ablauf des Ablehnungsverfahrens?

Legt der für befangen gehaltene Vorsitzende sein Amt nicht von sich aus nieder, **entscheidet die Einigungsstelle** über den Ablehnungsantrag und stimmt zunächst ohne den abgelehnten Vorsitzenden ab. Findet der Ablehnungsantrag unter den Beisitzern der Einigungsstelle keine Mehrheit, entscheidet die Einigungsstelle mit dem Vorsitzenden darüber, ob sie das Verfahren fortsetzt oder es gegebenenfalls bis zur gerichtlichen Entscheidung über die geltend gemachten Ablehnungsgründe aussetzt. Für die Entscheidung über den Befangenheitsantrag soll dann das Arbeitsgericht in der vollen Kammerbesetzung zuständig sein.

135. Haftet der Einigungsstellenvorsitzende für Fehler?

Ja, grundsätzlich kommt auch eine **persönliche Haftung** für den Einigungsstellenvorsitzenden in Betracht. Dies, wenn er seine Pflichten erheblich verletzt. Er hat insbes. für eine zügige Durchführung und Erledigung des Einigungsstellenverfahrens zu sorgen. Gerade bei den Angelegenheiten „Interessenausgleich und Sozialplan" sind die Interessen der Betriebsparteien sehr unterschiedlich. Die Betriebsräte möchten als Ziel einen möglichst späten Kündigungstermin, die Arbeitgeber eine rasche Umsetzung der Maßnahmen. Eine rechtlich nicht zu begründende Verschleppung des Verfahrens könnte auf Seiten des Vorsitzenden zu einer Haftung und Zahlung von Schadenersatz führen. Insoweit müssen Terminsverlegungsanträge, Vertagungen ua immer sehr gut begründet werden, um hier nicht den Verdacht der Verzögerung aufkommen zu lassen.

V. Die Sitzungen in der Einigungsstelle

Der Betriebsrat kann sich bezüglich der näheren Gestaltung der Betriebsratssitzungen eine Geschäftsordnung geben, ebenso folgen die Besprechungen auf Arbeitgeberseite oftmals vorab festgelegten Leitfäden. Die Sitzung in der Einigungsstelle ist in der Regel für beide Betriebsparteien vollkommen neu und wird zudem von einem in der Regel nicht betriebsangehörigen Vorsitzenden geleitet. In diesem Kapitel sollen daher die Fragen rund um die Sitzungen der Einigungsstelle behandelt werden.

136. Wann soll die Einigungsstelle das erste Mal tagen?

Die Einigungsstelle hat **unverzüglich,** somit möglichst schnell zu tagen. Der Termin wird üblicherweise zwischen den Betriebsparteien mit dem Vorsitzenden abgestimmt. Sollte es hier nicht zu einer Verständigung kommen, legt der Vorsitzende den Termin möglichst zeitnah fest.

137. Verstößt eine per Videokonferenz tagende Einigungsstelle gegen das Gebot der Nichtöffentlichkeit?

Nein, das ist kein Verstoß gegen das Gebot der Nichtöffentlichkeit. Die Nutzung von Videokonferenzsystemen (hier: Cisco Webex), die über eine Verschlüsselung nach dem Stand der Technik verfügen, zur Durchführung von Einigungsstellenverfahren ist zulässig, auch wenn personenbezogene Daten in einen Drittstaat übermittelt werden (LAG Köln 25.6.2021 – 9 TaBV 7/21).

Praxistipp

Die Grundlage für „digitale Einigungsstellen" war bis 19.3.2022 der § 129 BetrVG. Soweit eine Nachfolgeregelung nicht in Kraft getreten ist, sind nach der hier vertretenen Auffassung digitale Einigungsstellen zumindest in der Beratungsphase nach Absprache möglich.

138. Muss die Einigungsstelle die eigene Zuständigkeit prüfen?

Ja, die Einigungsstelle prüft spätestens vor der Sachentscheidung durch Spruch ihre Zuständigkeit und stellt diese ggf. durch Zwischenbeschluss fest.

→ *Muster 12: Antrag auf Prüfung der Zuständigkeit*

139. Was passiert, wenn während des Verhandlungsverfahrens Insolvenzantrag gestellt wird?

Durch den Insolvenzantrag ändert sich nichts. Ein Insolvenzfall berührt das Amt der Einigungsstelle nicht. Sie **bleibt** weiterhin **bestehen,** auch dann, wenn die Arbeitsverhältnisse der betriebsangehörigen Beisitzer enden.

Praxistipp

Externe Beisitzer können gegenüber dem Arbeitgeber Kosten geltend machen.

140. Muss der Verhinderungs- und Vertretungsfall dem Einigungsstellenvorsitzenden oder sonst jemandem vorab mitgeteilt werden?

Nein, das ist nicht notwendig. Wenn ein **Ersatzmitglied** an der Einigungsstellensitzung teilnehmen muss, ist es ausreichend, dass dies dem Einigungsstellenvorsitzenden zu Beginn der Sitzung **mitgeteilt** wird. Eine formelle Verpflichtung, dies dem Arbeitgeber oder dem Einigungsstellenvorsitzenden vorab mitzuteilen, besteht nicht.

141. Legt der Vorsitzende das Verfahren in der Einigungsstelle fest?

Ja, der Vorsitzende legt das Verfahren in der Einigungsstelle fest. Hierbei hat er jedoch ggf. eine bestehende Betriebsvereinbarung über die Verfahrensgrundsätze und die allgemein anerkannten „Spielregeln" beachten. Diese sind unter anderem:

- Die Einigungsstelle muss beiden Parteien **Gehör gewähren,** dh die Möglichkeit geben, ihre Ansicht vorzutragen und Vorschläge zur Beilegung der Meinungsverschiedenheit zu machen (ebenso BAG 11.2.1992 – 1 ABR 51/91; Fitting BetrVG § 76 Rn. 69).
- Die Einigungsstelle kann und muss ggf. **Beweise** erheben, insbes. **Zeugen** und **Sachverständige** vernehmen.

142. Muss der Vorsitzende die Terminkalender der Beisitzer berücksichtigen?

Termine werden grundsätzlich abgestimmt. Sollte dies nicht möglich sein, werden die **Termine** durch den Vorsitzenden **festgelegt** und die **Beisitzer geladen.**

Praxistipp

Beisitzer einer Einigungsstelle sind in ihrer Funktion keine Vertreter des Arbeitgebers oder des Betriebsrats. Sie üben ihr Amt höchstpersönlich aus. Daher können sie sich für ihre Tätigkeit in der Einigungsstelle keine Verfahrensvollmacht gegenseitig erteilen. Werden Ort und Zeit einer Sitzung der Einigungsstelle nicht zwischen allen Mitgliedern abgesprochen, so hat der Vorsitzende für die Einladung der Beisitzer zu sorgen. Bedient er sich dazu einzelner Beisitzer und leiten diese die Einladung nicht weiter, so fehlt es an einer ordnungsgemäßen Ladung aller Mitglieder. Zwar kann vereinbart werden, dass ein Beisitzer als Ladungsbevollmächtigter eines anderen Beisitzers gelten soll, eine solche Ausnahmeregelung ist jedoch im Zweifel nicht anzunehmen. Haben nicht alle Beisitzer an der Sitzung der Einigungsstelle teilgenommen, weil sie nicht ordnungsgemäß eingeladen wurden, und ergeht dennoch ein Einigungsstellenanspruch, so ist dieser unwirksam (BAG 27.6.1995 – 1 ABR 3/95).

143. Wer sorgt für Getränke und Verpflegung?

Dies ist Aufgabe des Arbeitgebers, das Unternehmen trägt die Kosten der Einigungsstelle nach §§ 76a, 40 BetrVG. Dazu gehören im Rahmen der Verhältnismäßigkeit auch Mehraufwendungen für Speisen und Getränke. Üblicherweise werden in den Sitzungen Getränke zur Verfügung gestellt und in den Sitzungspausen Verpflegung gestellt. Dies gewährt auch kurze Unterbrechungen und ermöglicht Zwischengespräche der Betriebsparteien.

144. Bekommt der Einigungsstellenvorsitzende vorab Informationen von den Parteien?

Ja, der Einigungsstellenvorsitzende fordert die Parteien mit der Einladung zur ersten Sitzung in der Regel auf, die vorhandenen Unterlagen und Entwürfe und eine **Zusammenfassung des Verfahrensstands** zur Verfügung zu stellen. Es liegt im Interesse der jeweiligen Betriebsparteien, die eigene Sicht möglichst umfassend und klar strukturiert darzulegen und nachzuweisen.

145. Wo verhandelt die Einigungsstelle?

Der Vorsitzende der Einigungsstelle bestimmt auch den Ort der Sitzungen. Er wird hierbei jedoch versuchen, unnötige Kosten zu vermeiden und die Parteibelange zu berücksichtigen.

Praxistipp

Die Sitzungen finden üblicherweise im Betrieb statt. Dies sichert auch den Zugang zu notwendigen Unterlagen und EDV-Systemen sowie die Befragung von Mitarbeitern zu Sachfragen. Ebenso ist eine kurzfristige Rücksprache mit dem Betriebsrat möglich.

146. Findet nur eine gemeinsame Verhandlung mit dem Arbeitgeber statt?

Nein, das kann, muss aber nicht sein. Der Grundsatz des unverzüglichen Tätigwerdens schließt eine rasche Erledigung mit ein, so dass möglichst ein Termin zur Einigung angestrebt werden sollte. In Verfahren zu den Themen Sozialplan, Arbeitszeit, Vergütungsregelungen, EDV, etc. werden jedoch in der Regel mehrere Termine erforderlich sein.

Praxistipp

Im Rahmen einer Einigungsstelle zum Thema Interessenausgleich kann es rechtlich geboten sein, bereits nach der ersten Sitzung und Nichteinigung in der zweiten Sitzung das Verfahren zu beenden und so dem Arbeitgeber den Weg zur Umsetzung der Betriebsänderung zu eröffnen. Der Betriebsrat wird üblicherweise im Rahmen eines solchen Verfahrens versuchen, das genaue Konzept, die Auswirkungen und die Maßnahmen im Einzelnen zu erfahren, um sich Zeit zu verschaffen, Alternativkonzepte zu entwickeln und diese in der Einigungsstelle vorzutragen. Insoweit muss der Betriebsrat immer wieder konkrete Fragenkataloge erstellen und diese rechtzeitig auch im Rahmen des Einigungsstellenverfahrens einbringen.

147. Kann auch außerhalb der Einigungsstelle zwischen den Betriebsparteien weiterverhandelt werden?

Ja, den Betriebspartnern bleibt es unbenommen, jederzeit auch **außerhalb** der Einigungsstelle die **Verhandlungen fortzusetzen.** Soweit keine unwesentliche Verzögerung des Einigungsstellenverfahrens droht, kann auch ein entsprechender Beschluss der Einigungsstelle darüber gefasst werden und eine Aussetzung des Verfahrens erfolgen.

148. In welche Abschnitte unterteilt sich das Einigungsstellenverfahren?

Das Einigungsstellenverfahren wird in die **Informationsphase, Verhandlungsphase, Beratungsphase** und **Beschlussphase** unterteilt.

149. Was ist die Informationsphase?

Die Informationsphase dient der **Aufarbeitung des Verhandlungsstands.** In dieser werden die Beisitzer und der Vorsitzende wechselseitig über den Verhandlungsstand und über die jeweiligen Rechtsansichten informiert.

150. Wer darf in der Informationsphase anwesend sein?

Die Sitzungen der Einigungsstelle sind **nichtöffentlich.** In der Informationsphase können jedoch auch noch Mitglieder der Betriebsparteien, also insbes. Betriebsratsmitglieder, teilnehmen.

151. Muss über die Anwesenheit Dritter ein Beschluss gefasst werden?

Ja, es sollte eine Abstimmung der Einigungsstellenmitglieder erfolgen. Eines förmlichen Beschlusses bedarf es in dieser Phase jedoch nicht ausdrücklich.

→ *Muster 13: Antrag auf Abstimmung*

152. Wie endet die Informationsphase?

Die Informationsphase endet durch **Eintritt in die konkrete Verhandlungsphase.** Hier sollten nur noch die Einigungsstellenmitglieder und von ihnen aufgrund Beschluss bzw. Abstimmung geladene Auskunftspersonen, Sachverständige ua anwesend sein.

153. Dürfen Dritte in der Beratungs- und Beschlussphase anwesend sein?

Nein, die Teilnahme dritter Personen in diesen Phasen würde die Unwirksamkeit der Beschlüsse nach sich ziehen (vgl. Fitting BetrVG § 76 Rn. 74). Es gehört zu den elementaren Grundsätzen des Einigungsstellenverfahrens, dass die abschließende mündliche Beratung und Beschlussfassung in Abwesenheit der Betriebsparteien erfolgt. Ein Verstoß gegen diesen Verfahrensgrundsatz führt zur Unwirksamkeit des Einigungsstellenspruchs (BAG 18.1.1994 – 1 ABR 43/93).

154. Dürfen andere Teilnehmer als die Beisitzer an der Sitzung teilnehmen?

Das hängt vom jeweiligen Verhandlungsstadium ab. Die Sitzungen der Einigungsstelle sind **parteiöffentlich**. Das heißt, dass in der Informationsphase auch weitere Personen anwesend sein können, sei es auf Wunsch des Unternehmens oder des Betriebsrats. In der Beratungs- und Abstimmungsphase sind jedoch nur noch die Beisitzer und der Vorsitzende zugelassen (BAG 18.1.1994 – 1 ABR 43/93).

155. Können die Betriebsparteien eine Unterbrechung einer Sitzung verlangen?

Ja, die Einigungsstellenbeisitzer können für ihre jeweilige Seite jederzeit eine Unterbrechung der Sitzung verlangen. Dies ist in der Praxis auch oft geboten, um neue Erkenntnisse oder konkrete Fragen der Arbeitgeberseite oder des Einigungsstellenvorsitzenden vorbereiten und beantworten zu können.

Praxistipp

Sollte eine Unterbrechung nicht gewährt werden, muss ein formeller Antrag gestellt werden, über den durch einen Zwischenbeschluss im einstufigen Verfahren zu beschließen wäre. Sollte einer der Betriebsparteien nicht ausreichend Möglichkeit geboten werden, sich vorzubereiten, abzusprechen und Erklärungen und Anträge vorzubereiten, würde dies einen wesentlichen Verstoß gegen die wesentlichen Verfahrensregeln darstellen und einen Spruch der Einigungsstelle unwirksam machen.

156. Kann die Sitzung der Einigungsstelle vertagt werden?

Ja, die Sitzung der Einigungsstelle kann vertagt werden. Ein **Antrag auf Vertagung** der Sitzung der Einigungsstelle ist als wesentliche Verfahrensfrage durch die Einigungsstelle zu beschließen.

Praxistipp

Die Einigungsstelle muss also nicht innerhalb eines Termins „fertig" werden.

→ *Muster 14: Antrag auf Vertagung*

157. Entscheidet der Vorsitzende der Einigungsstelle alleine über die Vertagung?

Nein, der Vorsitzende der Einigungsstelle ist nicht befugt, alleine über diesen Antrag verbindlich zu entscheiden. In der Praxis wird bei nachvollziehbarer Begründung jedoch einer Vertagung nichts im Wege stehen. Anders wäre es nur zu beurteilen, wenn er als Verzögerungstaktik anzusehen wäre.

158. Kann der Betriebsrat die Vertagung beantragen?

Ja, der Betriebsrat kann die Vertagung der Einigungsstellensitzung **jederzeit** beantragen. Grundsätzlich kann eine Vertagung auch dann beantragt werden, wenn kein verbindlicher Zeitrahmen vereinbart worden war. Über den Vertagungsantrag ist mehrheitlich zu beschließen.

→ *Muster 14: Antrag auf Vertagung*

159. Was sind Gründe für eine Vertagung der Sitzung?

Gründe für eine Vertagung können sein: **Terminkollision** eines Beisitzers, **Übermüdung** aufgrund überlanger Verhandlungsdauer, **neues Vorbringen** in tatsächlicher oder rechtlicher Hinsicht und **erforderliche Rücksprache** mit dem Betriebsrat bzw. Verfahrensbevollmächtigten, **Krankheit** sowie **fehlende Vereinbarung eines** verbindlichen **Zeitrahmens.**

160. Was ist die Pendeldiplomatie?

Mit der Pendeldiplomatie bezeichnet man **wechselnde Einzelgespräche** des Einigungsstellenvorsitzenden **mit jeweils einer Betriebspartei.** Die Betriebsparteien wählen den Weg in die Einigungsstelle in der Regel dann, wenn sie feststellen, dass der Austausch von Argumenten nicht zu einer Überzeugung der anderen Betriebsparteien führen kann.

Praxistipp

Im Rahmen der Einigungsstelle führt ein gemeinsames Verhandeln der Betriebsparteien unter Anleitung des Einigungsstellenvorsitzenden auch dann nicht zu einem befriedigenden Ergebnis, wenn, wie außerhalb der Einigungsstelle, nur ein erneuter Austausch der bisherigen Standpunkte und Argumente wiederholt wird. Insofern hat es sich etabliert, die Betriebsparteien im Rahmen der Einigungsstelle zu trennen und diese Einzelgespräche mit dem Einigungsstellenvorsitzenden führen zu lassen, um mit ihm die Ziele exakt zu formulieren und gegebenenfalls auch Varianten zu diskutieren. Der Einigungsstellenvorsitzende wird aus seinem reichlichen Erfahrungsschatz Vorschläge einbringen können, die beiden Betriebsparteien die Möglichkeit eröffnen, ohne das Gesicht zu verlieren, einen gemeinsamen Weg für die Zukunft zu finden. Sobald die im Rahmen der Einzelgespräche, durch Hin-und-her-Pendeln des Vorsitzenden zu der Betriebspartei „Beisitzer Arbeitgeber" und der Betriebspartei „Beisitzer Betriebsrat", Lösungsmöglichkeiten aufgezeigt wurden, die zwischen beiden Betriebsparteien eine Schnittmenge ermöglichen, wird in der Regel wieder gemeinsam mit den Betriebsparteien weiterverhandelt, bis es wieder getrennte Gespräche erfordert.

161. Was sind „6-Augen-Gespräche"?

6-Augen-Gespräche sind Gespräche zwischen dem Einigungsstellenvorsitzenden und dem Rechtsanwalt des Arbeitgebers sowie dem Rechtsanwalt des Betriebsrats.

162. Empfehlen sich 6-Augen-Gespräche?

Ja, solche Gespräche sind neben der Pendeldiplomatie empfehlenswert. Sollte sich trotz Anwendung der Pendeldiplomatie kein Weg zwischen den Betriebsparteien finden lassen, eine gemeinsame Lösung zu erarbeiten, werden in der Praxis häufig 6-Augen-Gespräche geführt. In diesen Gesprächen wird eine Möglichkeit diskutiert, durch **alternative Lösungsmöglichkeiten** einen Spruch der Einigungsstelle zu vermeiden.

Praxistipp

Diese Gespräche sind getragen von rechtlichen Argumenten und Erfahrungswerten aus Verhandlungen in der Vergangenheit. Solche Gespräche machen aus Sicht des Betriebsrats jedoch nur dann Sinn, wenn der eigene anwaltliche Vertreter bzw. die Person, die für die Beisitzer des Betriebsrats diese Aufgabe übernimmt, in der Lage ist, die andere Betriebspartei von einem gangbaren Weg zu überzeugen. Dieser Weg sollte seitens des Betriebsrats daher nur dann gewählt werden, wenn ein sehr starkes Vertrauensverhältnis zu der ausgewählten Person besteht und alle anderen Möglichkeiten nicht zum Erfolg geführt haben.

163. Gibt es über jeden Sitzungstermin ein Protokoll?

Dies kann, muss aber nicht der Fall sein. **Gesetzlich** ist die Führung eines Protokolls im Rahmen der Einigungsstelle **nicht vorgeschrieben.** Es ist jedoch außerordentlich zweckmäßig ein Protokoll bezüglich aller wesentlichen Verfahrensfragen zu erstellen, das sich auf Erklärungen der Parteien, Anträge und verfahrensleitende Beschlüsse erstreckt. Dieses Protokoll ist vom Einigungsstellenvorsitzenden zu unterzeichnen und eine Abschrift den Beisitzern zur Verfügung zu stellen.

Praxistipp

Aufgrund der Nichtöffentlichkeit der Sitzungen der Einigungsstelle ist umstritten, ob die Hinzuziehung eines Protokollführers zulässig ist.

→ *Muster 15: Protokoll*

164. Was ist ein Zwischenbeschluss?

Zwischenbeschlüsse sind Beschlüsse der Einigungsstelle, die den Streitgegenstand nicht abschließend inhaltlich klären, sondern **Fragen zur Zuständigkeit und zum Verfahren** regeln.

165. Kann die Zuständigkeit durch Zwischenbeschluss entschieden werden?

Ja, Fragen der Zuständigkeit der Einigungsstelle können durch Zwischenbeschluss entschieden werden. Dieser Zwischenbeschluss wird im einstufigen Abstimmungsverfahren gefasst.

Praxistipp

Der Zwischenbeschluss über die positive Zuständigkeit ist nicht gesondert anfechtbar. Dieser enthält als Entscheidung über eine Rechtsfrage keine für die Betriebsparteien bindende Regelung. Sofern die Zuständigkeit abgelehnt werden sollte, kann dies von den Betriebsparteien gesondert gerichtlich angegriffen werden. So im Ergebnis das Bundesarbeitsgericht (BAG 22.11.2005 – 1 ABR 50/04). Darüber hinaus kann der Beschluss, mit dem die Einigungsstelle ihre Zuständigkeit bejaht oder verneint, nicht mit einem Antrag zur gerichtlichen Entscheidung gestellt werden, der auf die Feststellung der Unwirksamkeit dieses Beschlusses gerichtet ist (BAG 17.9.2013 – 1 ABR 21/12).

166. Wird das Einigungsstellenverfahren bei der gerichtlichen Prüfung eines negativen Zuständigkeitsbeschlusses ausgesetzt?

Ja, es ist **möglich,** das Einigungsstellenverfahren **auszusetzen,** wenn ein gerichtliches Verfahren zur Feststellung der Unzuständigkeit der Einigungsstelle anhängig ist (BAG 3.4.1979 – 6 ABR 29/77). Auch das Argument, die Einigungsstelle habe im Interesse der effektiven Ausübung der Beteiligungsrechte des Betriebsrats zügig in der Sache zu entscheiden, steht hier einer Aussetzung nicht entgegen (BAG 28.5.2002 – 1 ABR 37/01).

167. Wann wird einstufig, wann zweistufig abgestimmt?

Einstufige Abstimmungen kommen nur bei Zwischenbeschlüssen in Betracht. Dieser Zwischenbeschluss wird dann entweder im einstufigen oder zweistufigen Abstimmungsverfahren gefasst. Das **einstufige Verfahren** kommt **bei „begleitenden Beschlüssen"** in Betracht, dabei stimmen **alle** stimmberechtigten **Mitglieder** der Einigungsstelle, also auch der Vorsitzende, **sofort gemeinsam** ab. Ein Zwischenbeschluss erfordert die Mehrheit der abgegebenen Stimmen, wobei eine Enthaltung als nicht zu berücksichtigende Stimme zu bewerten ist.

Beispiel

Begleitende Beschluss sind Beschlüsse über die Hinzuziehung eines Sachverständigen, eines Zeugen oder Beschlüsse zur Vertagung der Sitzung.

Beschlüsse in der Sache selbst und zur Frage der Zuständigkeit der Einigungsstelle und Ablehnung des Vorsitzenden werden dagegen im zweistufigen Verfahren getroffen. Dies bedeutet, dass zunächst **alle stimmberechtigten Einigungsstellenbeisitzer ohne den Vorsitzenden** abstimmen. Kommt es zu keiner Mehrheit, wird **erneut** beraten. Sodann erfolgt die **Abstimmung mit der Stimme des Vorsitzenden** entschieden.

168. Wird bei den Beschlüssen geheim abgestimmt?

Die Abstimmung erfolgt offen, in der Regel durch **Handzeichen.** Jedoch kann die Mehrheit die **geheime Abstimmung** beschließen.

169. Kann ein Beisitzer bei einer Abstimmung befangen sein?

Nein, vom Beisitzer der Einigungsstelle wird eher erwartet, dass er bestimmte Interessen vertritt.

170. Können die Beisitzer ihre Abstimmung von einem vorherigen Votum des Betriebsrats abhängig machen?

Ja, dies gilt jedenfalls für den Fall, dass sich die Einigungsstelle noch **im Informations- bzw. Verhandlungsstadium** befindet. Im Beratungs- und Abstimmungsverfahren ist der Beisitzer jedoch nur noch an sein Wissen und Gewissen gebunden und von Weisungen und Aufträgen des Betriebsrats frei.

171. Wie wirkt sich eine Stimmenthaltung aus?

Bei den Abstimmungen errechnet sich die **Mehrheit nach den abgegebenen Stimmen,** so dass Stimmenthaltungen nicht als Neinstimmen zählen (BAG 16.8.2011 – 1 ABR 30/10).

172. Wer kann Entwürfe einer Betriebsvereinbarung zur Abstimmung stellen?

Die Beisitzer des Arbeitgebers, die des Betriebsrats sowie der Vorsitzende können Entwürfe zur Abstimmung stellen. Sofern sich die Betriebsparteien im Rahmen der Einigungsstelle nicht bewegen und auf ihren Positionen beharren, ist es in der Praxis sogar üblich, dass Einigungsstellenvorsitzende eigene Vorschläge zur Vermittlung einbringen und diskutieren.

173. Können mehrere Entwürfe einer Betriebsvereinbarung zur Abstimmung gestellt werden?

Ja, gerade bei Sozialplänen wird man im Abstimmungsverfahren **mehrere Entwürfe mit unter-**

schiedlichen Faktoren zur Berechnung der Sozialplanabfindung einbringen. Letztendlich wird dann bei einem der Entwürfe oder beim selbsteingebrachten Entwurf der Vorsitzende seine Stimme dafür abgeben und somit das Verfahren durch den Spruch beenden. Hier liegt das große Risiko für die Arbeitgeber und Betriebsräte, da beide nicht wissen, welchem Entwurf nun der Vorsitzende tatsächlich seine Stimme geben wird.

174. In welcher Reihenfolge wird bei mehreren Entwürfen zu einer Betriebsvereinbarung abgestimmt?

Der **Vorsitzende legt** mit Zustimmung der Beisitzer die **Reihenfolge fest,** in der über die Entwürfe abzustimmen ist. Sollte es zu keiner Einigung kommen, sollte ein verfahrensleitender Beschluss herbeigeführt werden.

175. Welcher Entwurf einer Betriebsvereinbarung ist Gegenstand der Informationsphase?

Der Vorsitzende versucht in der Praxis, hier eine einvernehmliche Festlegung zu erreichen. Im Ergebnis ist dies jedoch nicht entscheidend, da zu jeder Zeit alles vorgebracht werden kann, was in dem jeweiligen Entwurf entfernt, ergänzt oder abgeändert werden soll.

176. Kann eine Betriebspartei einen kompletten Gegenentwurf einer Betriebsvereinbarung vorlegen?

Ja, dies sollte den Betriebsparteien auch dringend geraten werden. Am Ende der Verhandlung sollte ein Entwurf zur Abstimmung gestellt werden können, da ansonsten der Vorsitzende sich an den vorgegebenen Entwurf halten wird, sofern hier keine Rechts- und Ermessensfehler vorliegen.

177. Muss ein Gegenentwurf einer Betriebsvereinbarung im Rahmen des rechtlichen Gehörs diskutiert werden?

Ja, eine Erläuterung und Erörterung des Entwurfes **hat** grundsätzlich im Rahmen der Sitzung **zu erfolgen.** Gelegenheit zur Prüfung durch die Betriebsparteien kann, muss jedoch nicht in allen Fällen gewährt werden. Dies würde ggf. zu einer unvertretbaren Verzögerung führen.

178. Kann über einzelne Bestandteile einer Betriebsvereinbarung gesondert abgestimmt werden?

Ja, die Einigungsstelle kann die Betriebsvereinbarung auch nach einzelnen offenen Streitpunkten durch **Einzelabstimmungen** klären lassen. Jedoch verlangt das Bundesarbeitsgericht, dass am Ende nochmals ein Beschluss über die gesamte Betriebsvereinbarung/Regelung zu erfolgen hat.

179. Muss in jedem Fall über die gesamte Betriebsvereinbarung ein gesonderter Beschluss ergehen?

Ja, nach Auffassung des Bundesarbeitsgerichtes muss sich aus dem Verhalten der Einigungsstelle ein Einverständnis mit dem Werk als Ganzes ergeben.

180. Gibt es zwischen der ersten und zweiten Abstimmung eine weitere Beratung?

Ja, das Gesetz (§ 76 Abs. 3 S. 3 BetrVG) schreibt zwingend eine weitere Beratung zwischen der ersten und zweiten Abstimmung vor. Auf diese kann nach entsprechender Nachfrage durch den Vorsitzenden verzichtet werden, dies sollte aber im Protokoll festgehalten werden.

181. Gilt der Untersuchungsgrundsatz in der Einigungsstelle (vs. Verhandlungsgrundsatz)?

Ja, für das Einigungsstellenverfahren gilt der Untersuchungsgrundsatz, so dass der Sachverhalt von der Einigungsstelle **von Amts wegen aufzuklären** ist. Andererseits verfügt die Einigungsstelle nicht über Möglichkeiten, dies mit Zwangsmitteln durchzusetzen. Förmliche Beweisanträge sind somit nicht notwendig.

→ *Muster 16: Beweisantrag*

182. Muss der Einigungsstellenvorsitzende seine Einschätzungen zur Sach- und Rechtslage auf Antrag begründet darlegen?

Ja, das wird der Fall sein. In der Praxis hängt der Ausgang der Einigungsstelle oft von rechtlichen Einschätzungen der Vorsitzungen ab. Dies kann nicht nur die Zuständigkeit der Einigungsstelle insgesamt betreffen, sondern auch Fragen wie zB Konzerndurchgriffshaftung bei Bestimmung des Sozialplantopfs, Abgrenzung Teilbetriebsübergang oder Teilbetriebsschließung. Daher wird der Vorsitzende selbst auf Antrag eine eigene rechtliche Einschätzung abgeben oder eine Rechtsauskunft einholen müssen.

Praxistipp

Für ein der Einigungsstelle nachfolgendes Beschlussverfahren vor dem Arbeitsgericht ist unerheblich, ob die von der Einigungsstelle angenommenen tatsächlichen und rechtlichen Umstände zutreffend und ihre weiteren Überlegungen frei von Fehlern sind und eine erschöpfende Würdigung aller Umstände zum Inhalt haben (BAG 24.8.2004 – 1 ABR 23/03). Die Ermessensfehlerhaftigkeit oder Unwirksamkeit stellt das Gericht eigenständig fest und ist an die Wertung der Einigungsstelle nicht gebunden.

→ *Muster 17: Antrag Gutachten*

183. Haben die Teilnehmer ein Recht auf rechtliches Gehör?

Ja, eine Sachentscheidung der Einigungsstelle darf nur dann ergehen, wenn die Betriebsparteien **ausreichend Gelegenheit** hatten, ihre **Positionen darzulegen.** Sollte dieses rechtsstaatliche Gebot verletzt werden, würde dies den Spruch der Einigungsstelle angreifbar machen.

184. Können Beweisanträge gestellt werden?

Ja, formlose Beweisanregungen und förmliche Beweisanträge können **jederzeit** gestellt werden. Der Vorsitzende hat unter Beachtung des rechtlichen Gehörs und des Untersuchungsgrundsatzes darüber zu befinden und ggf. einen Zwischenbeschluss herbeizuführen.

→ *Muster 16: Beweisantrag*

185. Können Zeugen in der Einigungsstelle gehört werden?

Ja, die Einigungsstelle kann Zeugen anhören. Diese geladenen Zeugen können von allen Beisitzern und dem Vorsitzenden befragt werden. Der Zeuge ist jedoch **zur Aussage nicht verpflichtet.**

→ *Muster 18: Antrag Hinzuziehung Zeuge*

186. Können Zeugen vereidigt werden?

Nein, im Rahmen der Einigungsstelle können Zeugen weder vereidigt noch Zwangsmittel angewendet werden. Es handelt sich hier eben nicht um ein gerichtliches Verfahren.

187. Können Sachverständige hinzugezogen werden?

Ja, zur Einigungsstelle können auch Sachverständige hinzugezogen werden. Die Sachverständigen können von allen Beisitzern und dem Vorsitzenden befragt werden. Die **Kosten** des Sachverständigen trägt der **Arbeitgeber.** Einer ausdrücklichen vorherigen Kostenübernahmeerklärung des Arbeitgebers bedarf es hierzu nicht.

→ *Muster 19: Antrag Hinzuziehung Wirtschaftsprüfungsgesellschaft*

Beispiel

Eine mit der Regelung von Maßnahmen iSv § 3 Abs. 1 ArbSchG beauftragte Einigungsstelle kann Sachverständige hinzuziehen, wenn sie diese für die Beurteilung benötigt, welche Schutzmaßnahmen angesichts der unstreitig feststehenden oder iSv § 5 Abs. 1 ArbSchG ermittelten Gefährdungen, ihrer Schwere und des Risikos einer Schadensrealisierung in Betracht kommen (BAG 7.12.2021 – 1 ABR 25/20).

188. Können Sachverständige wegen Befangenheit abgelehnt werden?

Ja, das ist möglich. Hierzu bedarf es eines (zweistufigen) Mehrheitsbeschlusses.

189. Wie werden Sachverständige ausgewählt?

In der Regel wird man die richtigen Sachverständigen durch Empfehlungen der Rechtsanwälte/Beisitzer oder Veröffentlichungen finden. Die Sachverständigen müssen das in der Einigungsstelle fehlende spezifische Fachwissen besitzen.

190. Wie werden Zeugen ausgewählt?

Die **Betriebsparteien schlagen** die Zeugen **vor**. Dabei werden die Betriebsparteien diejenigen Personen heranziehen, von denen sie eine objektive, möglichst emotional unberührte Aussage erwarten, die sich auf den konkreten streitigen Sachverhalt bezieht.

Praxistipp

Der Betriebsrat muss hierbei aber auch bedenken, dass sich Mitarbeiter in der Regel nicht „reinreiten" wollen und somit in der Praxis versuchen, Sachverhalte zu stark zu relativieren. Insoweit hilft hier die Erfahrung des Rechtsanwalts/Beisitzers bei der Befragung des Zeugen im Rahmen der Einigungsstelle.

191. Wie werden Zeugen vergütet?

Betriebsinterne Zeugen erhalten während ihrer Anhörung ihr Gehalt wie üblich weiter bezahlt (Lohnausfallprinzip). **Externe Sachverständige** erhalten die erforderlichen und verhältnismäßigen Vergütungen gegen Nachweis. Einer Vereinbarung gem. § 80 Abs. 3 BetrVG mit dem Arbeitgeber hierzu bedarf es nach der Rechtsprechung des BAG nicht (Fitting BetrVG § 76a Rn. 7).

192. Können Beschäftigte im Rahmen der Einigungsstelle befragt werden?

Ja, Beschäftigte können sowohl als Auskunftspersonen als auch als Zeugen befragt werden.

193. Kann die Einigungsstelle Informationen von den Betriebsparteien einholen?

Ja, die Betriebsparteien sind verpflichtet, über die ihnen zur Verfügung stehenden Informationen Auskunft zu erteilen.

Praxistipp

Die Nichterteilung von Auskünften und Informationen kann eine Behinderung der Einigungsstelle iSd § 119 BetrVG darstellen und somit strafbar sein.

194. Kann eine Betriebspartei als „Notbremse" die Beendigung der Einigungsstelle erzwingen?

Ja, die Möglichkeit besteht. Die Partei, die die Einsetzung der Einigungsstelle beantragt hat, kann den Antrag zurücknehmen.

Praxistipp

Falls der Betriebsrat im Rahmen der Einigungsstellen-Sitzungen feststellen sollte, dass die beabsichtigten Ziele im Rahmen der Einigungsstelle nicht erreicht werden können, sollte er darüber nachdenken, ob diese, jedenfalls wenn er selbst die Einigungsstelle angerufen hat, beendet werden sollte. Gründe hierfür können sein, dass die Zuständigkeit der Einigungsstelle angezweifelt wird, ein Übertragungsbeschluss der örtlichen Betriebsräte auf den Gesamtbetriebsrat oder Konzernbetriebsrat zurückgenommen wurde, ua. Grundsätzlich kann auch jede Partei ihren Antrag auf Einsetzung der Einigungsstelle zurücknehmen.

195. Kann eine Betriebspartei immer einseitig die Einigungsstelle beenden?

Nein, in den Fällen, in denen die Mitbestimmung erzwungen werden kann, bedarf eine Beendigung der **Zustimmung der anderen Betriebspartei.** Dies gilt ebenfalls in den Fällen der freiwilligen Mitbestimmung, in denen sich die Betriebsparteien dem Spruch der Einigungsstelle unterworfen haben. Auch hier bedarf es bei der Rücknahme bzw. Beendigung des Einigungsstellenverfahrens der Zustimmung der anderen Betriebspartei.

196. Kann die Einigungsstelle auch Rechtsfragen entscheiden?

Nein, die Einigungsstelle ist bei ihren Entscheidungen an die bestehenden Gesetze, Tarifverträge ua gebunden. Insoweit sind in der abzuschließenden Vereinbarung **keine Rechtsfragen** zu entscheiden. Ausnahmsweise ist dies jedoch der Fall bei den Regelungen des § 87 Abs. 1 Nr. 5 und 7 BetrVG sowie § 85 BetrVG. Diese rechtlichen Annahmen der Einigungsstelle können jedoch im Rahmen der Überprüfung durch ein Arbeitsgericht jederzeit anders beurteilt werden und zur Unwirksamkeit des Spruchs führen.

Praxistipp

In der Praxis werden oft und umfangreich rechtliche Vorfragen in der Einigungsstelle besprochen, die bei der Entscheidung zu Grunde zu legen sind. So kann zB die Frage von wesentlicher Bedeutung sein, ob es sich um einen Teilbetriebsübergang oder eine Teilbetriebsschließung handelt, eine Konzerndurchgriffshaftung vorliegt ua.

197. Wie endet eine Einigungsstelle?

Die Einigungsstelle kann wie folgt enden:

- Durch einseitige **Erklärung der antragstellenden Partei.** Dies ist jedoch nur möglich, wenn es sich nicht um eine Mitbestimmungsangelegenheit handelt. In diesem Fall bedarf die Beendigung der Einigungsstelle der Zustimmung der anderen Betriebspartei.
- **Einigung** der Betriebsparteien
- **Einvernehmlicher Spruch**
- **Streitiger Spruch**

VI. Der Spruch der Einigungsstelle und andere Beendigungsformen

Das Gesetz sieht verschiedene Möglichkeiten vor, wie das Einigungsstellenverfahren beendet werden kann. In diesem Kapitel werden daher die Fragen der unterschiedlichen Beendigungsformen und deren rechtlicher Wirkung behandelt.

198. Dürfen alle Beisitzer die Betriebsvereinbarung unterzeichnen?

Ja, die Unterzeichnung der Betriebsvereinbarung durch weitere Beisitzer ist rechtlich **nicht notwendig, jedoch unschädlich.**

Praxistipp

Sofern die Einigungsstelle aufgrund Einigung der Betriebsparteien durch Unterzeichnung der Betriebsvereinbarung beendet werden soll, ist diese entsprechend den gesetzlichen Regeln durch einen vom Arbeitgeber Bevollmächtigten und den Betriebsratsvorsitzenden bzw. dessen Stellvertreter im Falle der Verhinderung gem. § 26 BetrVG zu unterzeichnen.

199. Muss die Betriebsvereinbarung auch vom Vorsitzenden unterschrieben werden?

Nein, normalerweise ist eine Betriebsvereinbarung lediglich von den Vertretern der Betriebsparteien zu unterzeichnen. Im Falle einer Einigungsstelle bezüglich **Interessenausgleich und/oder Sozialplan** ist die Einigung schriftlich niederzulegen und sowohl **von den Betriebsparteien** als auch **vom Vorsitzenden** der Einigungsstelle zu unterschreiben (§ 112 Abs. 3 S. 3 BetrVG).

Praxistipp

Auch die digitale Signatur ist zulässig.

200. Wer darf auf Arbeitgeberseite eine Vereinbarung unterzeichnen?

Dies dürfen nur Personen, die aufgrund ihrer Position und Stellung **hierzu berufen und bevollmächtigt** sind. Sofern die Einigungsstelle nicht durch Spruch beendet wird, sondern im Ergebnis durch eine einvernehmlich unterzeichnete (Betriebs-)Vereinbarung, muss darauf geachtet werden, dass nur solche Personen die Betriebsvereinbarung unterzeichnen, die aufgrund ihrer Position und Stellung hierzu berufen und bevollmächtigt sind. Dies ist auf Betriebsratsseite der Betriebsratsvorsitzende und im Falle der Verhinderung der Stellvertreter. Auf Arbeitgeberseite unterzeichnet in der Regel der Vorstand oder Geschäftsführer, ggf. auch ein Prokurist oder leitender Angestellter. Personalleiter können unterzeichnen, müssen jedoch befugt sein.

Praxistipp

Der Betriebsrat sollte im Rahmen der Einigungsstelle klären, wer im Unternehmen Betriebsvereinbarungen verbindlich und rechtswirksam für das Unternehmen unterschreiben darf.

201. Kann die Einigungsstelle auch vorläufige Regelungen treffen?

Ja, die Einigungsstelle kann bei Maßnahmen, die keinen Aufschub dulden, bis zur endgültigen Entscheidung eine vorläufige Regelung treffen.

→ *Muster 20: Vorläufige Regelung Dienstplan*

202. Sind vorläufige Regelungen durch den Vorsitzenden zulässig?

Nein, zuständig ist auch für vorläufige Regelungen die **Einigungsstelle in ihrer Gesamtheit.** Der Vorsitzende der Einigungsstelle ist daher nicht befugt, allein Entscheidungen über vorläufige Regelungen zu treffen. Solche Anordnungen durch den Einigungsstellenvorsitzenden wären aus Rechtsgründen unwirksam.

Praxistipp

Sollten sich die Betriebsparteien auf vorläufige Regelungen geeinigt haben, die jedoch von einer der Betriebsparteien nicht eingehalten werden, sind diese Rechte und Pflichten im Rahmen eines einstweiligen Verfügungsverfahrens vor dem zuständigen Arbeitsgericht durchzusetzen.

203. Was ist das Säumnisverfahren?

Das Säumnisverfahren regelt die Frage, wie damit umzugehen ist, dass trotz Einladung aller Beisitzer die Einigungsstelle nicht vollständig besetzt ist. Im Einigungsstellenverfahren der erzwingbaren Mitbestimmung ist es notwendig, dass die Einigungsstelle Entscheidungen treffen kann, die nicht durch Maßnahmen einer Betriebspartei unzulässig verzögert oder gar verhindert werden können. Sofern also eine der Betriebsparteien zB **keine Beisitzer benennen** sollte oder trotz rechtzeitiger und ordnungsgemäßer Ladung **nicht** zur Einigungsstellenverhandlung **erscheinen** sollte, kann die Einigungsstelle trotzdem mit den tatsächlich erschienenen Beisitzern und dem Vorsitzenden der **Einigungsstelle alleine entscheiden.** Das Gleiche gilt, wenn Beisitzer ohne ausreichende Entschuldigung die **Einigungsstellensitzung verlassen,** um eine Abstimmung zu verhindern.

Praxistipp

Gemeint sind hier jedoch nur Fälle der echten Säumnis. Nicht gemeint sind die Fälle, bei denen ein Beisitzer wegen tatsächlicher Erkrankung oder eines Unfalls oder Zug-/Flugausfalls aufgrund Streiks oÄ nicht zu der Einigungsstellensitzung erscheinen kann. Für diesen Fall ist es rechtlich zulässig, dass sich die erschienenen Einigungsstellenmitglieder darauf einigen, nur in gleicher Anzahl an Beisitzern abzustimmen (sog. Pairing-Abrede), um somit wieder eine Parität herzustellen.

204. Kann die Einigungsstelle im Säumnisverfahren entscheiden?

Ja, wenn ein Fall der Säumnis vorliegt, ist dies zulässig.

205. Muss das Scheitern der Verhandlungen über einen Interessenausgleich durch Spruch festgestellt werden?

Nein, notwendig ist das nicht. Der „Versuch eines Interessenausgleichs" iSd § 113 BetrVG setzt nicht voraus, dass die Einigungsstelle das Scheitern der Interessenausgleichsverhandlungen förmlich durch Beschluss feststellt (BAG 16.8.2011 – 1 AZR 44/10).

Praxistipp

Eine Beendigung des Interessenausgleichsverfahrens im Rahmen der Einigungsstelle sollte jedoch zumindest ausreichend protokolliert werden.

206. Muss der Einigungsstellenvorsitzende den Spruch begründen?

Nein, das Gesetz sieht eine Begründung des Einigungsstellenspruchs nicht vor, so dass die Wirksamkeit des Einigungsstellenspruchs hiervon nicht abhängt.

Praxistipp

Zweifelsohne ist eine solche, mündliche oder schriftliche, Begründung sinnvoll, damit eine gerichtliche Überprüfung des Spruchs erleichtert wird (BAG 8.3.1977 – 1 ABR 33/75).

207. Muss der Spruch zugestellt werden?

Ja, der Spruch der Einigungsstelle ist den Betriebsparteien zuzustellen. Ansonsten liegt kein wirksamer Spruch vor.

208. Muss der Spruch unterschrieben sein?

Ja, der Einigungsstellenvorsitzende muss den Betriebsparteien ein von ihm unterschriebenes Schriftstück, das den Spruch beinhaltet, zuleiten. Fehlt es hieran, ist der von der Einigungsstelle zuvor beschlossene Spruch **unwirksam**.

Praxistipp

Auch die digitale Signatur ist möglich. Maßgeblich für die Beurteilung der Formwirksamkeit ist regelmäßig der Zeitpunkt, in dem der Einigungsstellenvorsitzende den Betriebsparteien den Spruch mit der Absicht der Zuleitung iSd § 76 Abs. 3 Nr. 4 BetrVG übermittelt hat. Eine Heilung des Formmangels ist nicht möglich.

209. Ist ein Verschicken als Textdokument per E-Mail zulässig?

Ja, für den Fall, dass der Vorsitzende eine qualifizierte Signatur nutzt, dann geht das. Die Beschlüsse der Einigungsstelle sind schriftlich niederzulegen und vom Vorsitzenden zu **unterschreiben** oder in elektronischer Form niederzulegen und vom Vorsitzenden mit seiner **qualifizierten elektronischen Signatur** zu versehen sowie Arbeitgeber und Betriebsrat zuzuleiten.

210. Kann die Formunwirksamkeit eines Beschlusses durch die nachträgliche Zustellung eines korrigierten Spruches geheilt werden?

Nein, der Vorsitzende einer Einigungsstelle kann die Formunwirksamkeit eines Einigungsstellenspruchs nicht durch eine entsprechende Zuleitung der von ihm inhaltlich korrigierten Spruchfassung beseitigen (BAG 10.12.2013 – 1 ABR 45/12).

211. Wie wirkt ein Spruch?

Rechtlich wirkt der Spruch der Einigungsstelle im Ergebnis **wie eine Betriebsvereinbarung.** Es gelten somit die Regelungen des § 77 BetrVG, insbes. zu Fristen und Nachwirkung.

212. Wirkt der Spruch auch gegenüber den Mitarbeitern?

Ja, der Spruch der Einigungsstelle wirkt auch gegenüber den Mitarbeitern. Rechtlich ist er so zu qualifizieren, als hätten sich die Parteien selbst tatsächlich auf dieses Ergebnis geeinigt. Im Rahmen der echten Mitbestimmung dürfte es sich im Ergebnis daher um Betriebsvereinbarungen handeln, die gem. § 77 Abs. 4 BetrVG **unmittelbar und zwingend** gegenüber Mitarbeitern wirken.

Praxistipp

Sogar ein Verzicht auf Rechte aus einer solchen Betriebsvereinbarung wäre nur mit Zustimmung des Betriebsrats zulässig.

213. Ist der Spruch quasi eine Betriebsvereinbarung?

Ja, in den Fällen der echten Mitbestimmung ist dies der Fall, somit ist der Spruch einer Einigungsstelle auch entsprechend einer Betriebsvereinbarung im Betrieb bekannt zu machen.

214. Kann ein Spruch auch eine Regelungsabrede sein?

Ja, sofern es keine echte Mitbestimmung betrifft, sondern zB bei Verfahren zu § 102 BetrVG oder § 85 Abs. 2 BetrVG.

215. Kann man einen Spruch kündigen?

Da der Spruch der Einigungsstelle in der Regel eine Betriebsvereinbarung darstellt, kann eine der Betriebsparteien diesen gem. § 77 Abs. 5 BetrVG **mit einer Frist von drei Monaten** kündigen, soweit nichts anderes durch den Spruch festgelegt worden ist.

216. Kann die Unwirksamkeit eines Spruchs geltend gemacht werden?

Ja, die Betriebsparteien können den Spruch einer Einigungsstelle **durch das Arbeitsgericht überprüfen** lassen. Es handelt sich hier um eine **ausschließliche Rechtskontrolle** und nicht um eine Zweckmäßigkeitskontrolle. Es kommt somit nicht darauf an, ob das Gericht eine zweckmäßigere Regelung für sinnvoll achten würde, sondern das Gericht hat zu überprüfen, ob wesentliche Verfahrensvorschriften eingehalten bzw. verletzt worden sind oder aber der Inhalt des Spruchs mit bestehendem Recht nicht in Einklang zu bringen ist.

Praxistipp

Dies ist zB dann der Fall, wenn es zu dem Inhalt des Spruchs keine Mitbestimmung gibt oder aber die Parteien sich eines solchen Spruchs im Rahmen einer freiwilligen Mitbestimmung nicht unterworfen haben. Ebenso prüft das Arbeitsgericht, ob das richtige Betriebsratsgremium (örtlicher Betriebsrat, Gesamtbetriebsrat, Konzernbetriebsrat) ordentliche Beschlüsse gefasst und somit die Rechtsgrundlage für die Durchführung des Einigungsstellenverfahrens vorliegen.

→ *Muster 21: Tagesordnung und Beschlussfassung zur Beschlussanfechtung*

217. Kann der Spruch der Einigungsstelle teilweise angefochten werden?

Ja, durch das **Arbeitsgericht** kann die teilweise Unwirksamkeit des Spruchs aber nur dann festgestellt werden, wenn die rechtliche Regelung des Spruchs noch ein sinnvolles Ganzes darstellt (BAG 30.8.1995 – 1 ABR 4/95).

218. Kann der Arbeitgeber einen Spruch der Einigungsstelle mit der Begründung anfechten, die Einigungsstelle habe den Begriff des Geschäftsgeheimnisses im Rahmen der Auskunftsverpflichtung gegenüber dem Wirtschaftsausschuss verkannt?

Ja, die Entscheidung der Einigungsstelle nach § 109 BetrVG darüber, ob, wann, in welcher Weise und in welchem Umfang der Unternehmer den Wirtschaftsausschuss zu unterrichten hat, unterliegt der Rechtskontrolle der Arbeitsgerichte. Dies gilt auch für die Frage, ob eine Gefährdung von Betriebs- oder Geschäftsgeheimnissen der Auskunft entgegensteht.

219. Können Zwischenbeschlüsse angefochten werden?

Nein, Zwischenbeschlüsse, die keine eigene Regelung des Verfahrensgegenstandes zum Inhalt haben, können nicht isoliert angefochten werden. Dies sind zB Auflagen- oder Hinweisbeschlüsse oder ein Vertagungsbeschluss. Ausnahmsweise ist eine Anfechtung denkbar, wenn es sich um Fragen handelt wie die Zuständigkeit der Einigungsstelle.

220. Wie viel Zeit bleibt für die Anfechtung?

Der Arbeitgeber oder der Betriebsrat können nur binnen einer **Frist von zwei Wochen,** vom Tage der Zuleitung des Beschlusses angerechnet, beim Arbeitsgericht geltend machen, dass eine Ermessensüberschreitung durch die Einigungsstelle vorliegt (BAG 22.1.1980 – 1 ABR 28/78). Soweit im Rahmen eines erzwingbaren Einigungsstellenverfahrens eine Anfechtung des Spruchs der Einigungsstelle erfolgen soll, ist dies bei Geltendmachung einer Überschreitung des Ermessens durch die Einigungsstelle an diese Frist gebunden.

Verstöße gegen das Verfahren selbst oder gegen Gesetz und Tarifvertrag können von den Betriebsparteien **ohne Fristbindung** jederzeit arbeitsgerichtlich geltend gemacht und überprüft werden. Auch kann der Einwand der Unwirksamkeit von Mitarbeitern in ihrem jeweiligen Individualprozess eingewandt werden, was durch das Arbeitsgericht beachtet und überprüft werden muss.

221. Beginnt die Anfechtungsfrist mit Zuleitung des Spruchs per Telefax?

Ja, es genügt wohl, dass der im Original unterschriebene Spruch vorab per Telefax zugeleitet wird, um die zweiwöchige Frist zur Anfechtung des Einigungsstellenspruchs in Gang zu setzen.

222. Kann der Betriebsrat den Spruch zwischen Arbeitgeber und Gesamtbetriebsrat anfechten?

Nein, der Spruch der Einigungsstelle kann **nur durch die beteiligten Betriebsparteien,** also durch den Arbeitgeber und/oder jeweils den Betriebsrat, Gesamtbetriebsrat oder Konzernbetriebsrat angefochten werden.

Praxistipp

Soweit der örtliche Betriebsrat der Auffassung sein sollte, dass die Einigungsstelle nicht zuständig war, weil sie mit dem Gesamtbetriebsrat oder Konzernbetriebsrat besetzt war, gibt es folgende Möglichkeiten, gegen die dortige Einigung oder den Spruch der Einigungsstelle vorzugehen:

a) Der örtliche Betriebsrat kann selbst die Einigungsstelle anrufen und diese ggf. gerichtlich erzwingen oder

b) Im Rahmen einer Feststellungsklage kann der Betriebsrat klären lassen, das die vom Gesamtbetriebsrat/Konzernbetriebsrat geschlossene Betriebsvereinbarung für den örtlichen Betrieb nicht anzuwenden ist. Sollte der GBR/KBR oder Arbeitgeber den Spruch der Einigungsstelle gerichtlich anfechten, sind die örtlichen Betriebsräte am gerichtlichen Beschlussverfahren zu beteiligen.

→ *Muster 22: Tagesordnung und Beschlussfassung zur Feststellung der Nichtanwendung*

223. Prüft das Arbeitsgericht die Inhalte des Einigungsstellenspruchs?

Nein, die Prüfung des Arbeitsgerichtes beschränkt sich auf die Rechtskontrolle und Überschreitung der Ermessungsausübung.

224. Überprüft das Arbeitsgericht die richtige Rechtsanwendung?

Ja, vorrangig Verstöße gegen Grundgesetz, Gesetz und Tarifvertrag.

225. Prüft das Arbeitsgericht auch die Verfahrensführung des Einigungsstellenvorsitzenden?

Ja, der Einigungsstellenvorsitzende ist an Recht und Gesetz gebunden. Dies betrifft insbes. die **Art und Form der Beschlussfassungen** und Abstimmungen, als auch **des Spruchs** und **der Betriebsvereinbarungen** selbst, als auch notwendige

Prüfungen (Beweiserhebungen, Zeugenbefragungen, ua).

Beispiel

Im Rahmen einer Einigungsstelle zum Thema Sicherheit und Gesundheitsschutz muss durch den Vorsitzenden sichergestellt werden, dass eine Gefährdungsbeurteilung nach § 5 ArbSchG vorliegt (LAG Hessen 17.6.2010 – 9 TaBV 247/09).

226. Kann während des Anfechtungsverfahrens die Durchführung des Spruchs durch einstweilige Verfügung durchgesetzt und/oder untersagt werden?

Nein, das gerichtliche Anfechtungsverfahren gegen einen Spruch der Einigungsstelle hat **keine suspendierende Wirkung.** Dies bedeutet, dass der Spruch der Einigungsstelle so lange durchzuführen ist, bis er rechtskräftig durch eine gerichtliche Entscheidung aufgehoben wurde.

Praxistipp

Der Betriebsrat kann sich somit für den Fall, dass der Arbeitgeber sich nicht an den Spruch der Einigungsstelle halten möchte, im Wege der einstweiligen Verfügung an das Arbeitsgericht zur Vollziehung des Beschlusses der Einigungsstelle wenden. Der Arbeitgeber kann, so zumindest vereinzelt Rechtsprechung hierzu, für den Fall von krassen und offensichtlichen Rechtsverstößen des Spruchs der Einigungsstelle im Wege der einstweiligen Verfügung den Vollzug des Beschlusses einstweilig aussetzen (LAG Berlin 8.11.1990 – 14 TaBV 5/90).

227. Was ist die Folge einer erfolgreichen Anfechtung?

Sofern die Anfechtung des Einigungsstellenspruchs erfolgreich sein sollte und somit die Unwirksamkeit des Spruchs festgestellt ist, hat die Einigungsstelle (außer bei gleichzeitiger Feststellung ihrer Unzuständigkeit) das **Verfahren wieder aufzugreifen** und fortzusetzen. Es bleibt den Betriebsparteien selbstverständlich unbenommen, sich auch außerhalb der Einigungsstelle zu einigen und somit die dann funktionslose Einigungsstelle zu beenden (BAG 30.1.1990 – 1 ABR 2/89).

228. Lebt durch eine erfolgreiche Anfechtung eine vorherige Betriebsvereinbarung wieder auf?

Ja, dies ist dann der Fall, wenn die vorherige Betriebsvereinbarung eine echte Nachwirkung hatte, sei es aufgrund Gesetzes oder durch Vereinbarung. Dies ist deshalb der Fall, da durch die erfolgreiche Anfechtung der Spruch keinerlei Rechtswirkungen mehr entfaltet. Da diese Rechtswirkung zurück zum Anfang wirkt (**ex tunc**), sind bereits erbrachte Leistungen ggf. rückabzuwickeln, wenn keine andere Regelung wieder auflebt. Dies gilt sowohl in der Wirkung zwischen den Betriebsparteien als auch hinsichtlich der Individualansprüche der einzelnen Mitarbeiter.

229. Wie endet eine freiwillige nachwirkende Betriebsvereinbarung?

Die Nachwirkung kann durch Anrufung der Einigungsstelle und deren Spruch beendet werden. Dies auch gegen den Willen einer der beiden Betriebsparteien.

Praxistipp

Aufgrund der Freiwilligkeit besteht kein Verhandlungsanspruch. Jede Partei kann sich so jederzeit von einer ungeliebten Betriebsvereinbarung lösen, sofern sie der freiwilligen Mitbestimmung entspringt (BAG 28.4.1998 – 1 ABR 43/97).

Muster

Muster 1: Dauerhafte Einigungsstelle

Freiwillige Betriebsvereinbarung

zwischen

Muster GmbH, vertreten durch die Geschäftsführung

– nachfolgend auch „Arbeitgeber" –

und

dem Betriebsrat der GmbH, vertreten durch den Betriebsratsvorsitzenden Herrn Beispiel

Vorbemerkung:

Zwischen den Parteien besteht eine Betriebsvereinbarung zur Dienstplangestaltung, die das Verfahren zur Genehmigung der monatlichen Dienstpläne durch den Betriebsrat regelt. In Ergänzung zu dieser Betriebsvereinbarung vereinbaren die Betriebsparteien Folgendes:

1. Es wird eine ständige Einigungsstelle unter dem Vorsitz des Richters am ArbG Herrn Max Muster und je einem Beisitzer der Betriebsparteien gebildet. Beide Parteien können eine weitere Person hinzuziehen, die jedoch nicht stimmberechtigt ist.
2. Die Einigungsstelle entscheidet ausschließlich über den strittigen Dienstplan.
3. Die Betriebsparteien sind verpflichtet, spätestens mit Ablauf einer 3-Tages-Frist für den innerbetrieblichen Einigungsversuch ihren Beisitzer für die ständige Einigungsstelle namentlich zu benennen. Der Arbeitgeber hat die ständige Einigungsstelle unverzüglich einzuberufen. Kommt die Einigungsstelle nicht bis spätestens einen Tag vor Beginn der Dienstplanperiode zu einem Ergebnis, kann der Arbeitgeber den von ihm erstellten Dienstplanentwurf vorläufig in Kraft setzen. Kommt es noch während der Dienstplanperiode zu einem Ergebnis der Einigungsstelle, tritt der Dienstplanentwurf des Arbeitgebers außer Kraft. Der von dem Betriebsrat genehmigte Dienstplan ist, auch soweit er auf einem Spruch der Einigungsstelle beruht, unverzüglich den Beschäftigten zugänglich zu machen.
4. Diese freiwillige Betriebsvereinbarung tritt mit Unterzeichnung in Kraft.

München, den ......

____

GmbH; Betriebsrat München

Muster 2: Klausel in einer Betriebsvereinbarung

Soweit sich die Parteien bei der Durchführung der Regelungen dieser Betriebsvereinbarung nicht einigen können bzw. eine der Parteien ihre Zustimmung verweigert sowie bei Auslegungsfragen über den Inhalt, die Regelungen und die Durchführung dieser Betriebsvereinbarung zwischen dem Arbeitgeber und dem Betriebsrat entscheidet die Einigungsstelle auf Antrag einer der Betriebsparteien. Die Parteien unterwerfen sich hiermit verbindlich dem Spruch der Einigungsstelle.

Muster 3: Vereinbarung über die Durchführung des Einigungsstellenverfahrens

Vereinbarung

zu den Verhandlungen der Betriebsvereinbarung XYZ für den Zeitraum

zwischen

GmbH

– nachfolgend „**Arbeitgeber**" –

und

Betriebsrat der GmbH

– nachfolgend „**Betriebsrat**" –

Präambel

Die Parteien verhandeln aktuell eine neue Betriebsvereinbarung über die Dienstplangestaltung beginnend ab dem Geschäftsjahr 2023. Gemeinsames Ziel der Parteien ist es, dass die Verhandlungen insoweit bis zum ...... [Datum] abgeschlossen sind. Für den Fall, dass die Verhandlungen bis zum ...... [Datum] nicht zu einem von allen Parteien gemeinsam getragenen Ergebnis führen, vereinbaren die Parteien das folgende weitere Verfahren.

Recht zur Anrufung einer betrieblichen Einigungsstelle

Sofern es bis zum ...... [Datum] nicht zu einem von allen Parteien einvernehmlich getragenen Ergebnis der Verhandlungen zu einer Betriebsvereinbarung Dienstplangestaltung kommt, hat der Betriebsrat jederzeit das Recht, eine betriebliche Einigungsstelle anzurufen, die hiermit entsprechend den nachfolgenden Regelungen eingesetzt wird.

Der Vorschlag des Arbeitgebers zur Betriebsvereinbarung Dienstplangestaltung ist dem Betriebsrat bis spätestens ...... [Datum] schriftlich vorzulegen, anderenfalls kann die Einigungsstelle entsprechend den nachfolgenden Regelungen von dem Betriebsrat sofort angerufen werden.

Einrichtung der betrieblichen Einigungsstelle § 76 BetrVG

Die Einigungsstelle besteht aus insgesamt 11 Mitgliedern: Dem Vorsitzenden und 10 Beisitzern. Davon werden 5 Beisitzer durch den Arbeitgeber bestellt und 5 Beisitzer von dem Betriebsrat. Es ist zulässig, für jede Seite bis zu zwei Beisitzer zu bestellen, die nicht dem Betrieb von GmbH angehören.

Die Parteien bestellen Richter Max Muster zum Vorsitzenden der Einigungsstelle. Im Falle der Verhinderung des Vorsitzenden der Einigungsstelle wird ...... [xyz] zum Vorsitzenden der Einigungsstelle bestellt.

Sollte sowohl der Vorsitzende der Einigungsstelle als auch der Ersatzvorsitzende der Einigungsstelle nicht verfügbar sein, einigen sich die Parteien unverzüglich auf einen anderen Einigungsstellenvorsitzenden.

Verfahren vor der Einigungsstelle

Die Einberufung der Einigungsstelle hat über den Vorsitzenden zu erfolgen. Dieser lädt unverzüglich die Beisitzer und, soweit notwendig, Beteiligte, Zeugen und Sachverständige ein, wobei die (erste) Sitzung der Einigungsstelle ebenfalls unverzüglich terminiert werden muss. Die Einigungsstelle ist beschlussfähig, wenn zur betreffenden Sitzung ordnungsgemäß geladen wurde und die Mehrheit der Mitglieder der Einigungsstelle in dieser Sitzung anwesend ist. Eventuell notwendige Entscheidungen fallen mit einfacher Mehrheit.

Die Sitzungen der Einigungsstelle sind nicht öffentlich. Sind für die Beilegung von Meinungsverschiedenheiten Beteiligte, Zeugen und Sachverständige notwendig, so werden diese von der Einigungsstelle zur Anhörung geladen.

Der Vorsitzende leitet die Verhandlungen der Einigungsstelle. Das Verfahren in der Einigungsstelle wird mündlich durchgeführt. Die Beteiligten legen die angeforderten und die zur Klärung des Sachverhaltes erforderlichen Unterlagen der Einigungsstelle vor.

Den Beteiligten ist ausreichend Gelegenheit zu geben, ihren Standpunkt darzulegen. Der Vorsitzende berät danach mit den Parteien gemeinsam und/oder getrennt. Bei eventuell notwendigen Abstimmungen stimmen zunächst nur die Beisitzer ab. Stimmenenthaltungen sind zulässig. Kommt bei einer eventuell notwendigen Abstimmung keine Stimmenmehrheit zustande, wird zunächst weiter beraten. Bei der daran anschließenden erneuten Abstimmung stimmt der Vorsitzende der Einigungsstelle mit ab.

Die notwendigen sachlichen und persönlichen Kosten trägt der Arbeitgeber. Reisekosten und Spesen werden nach der betrieblichen Reisekostenordnung erstattet. Honorare an den Vorsitzenden und etwaige außerbetriebliche Beisitzer erfolgen nach Maßgabe von § 76a BetrVG. Betriebsangehörige Beisitzer der Einigungsstelle erhalten kein Honorar; sie werden für die aufgewendete Zeit unter Fortzahlung ihres Entgelts von der Arbeit freigestellt. Die den externen Beisitzern der Einigungsstelle entstehenden notwendigen sachlichen und persönlichen Kosten und Honorare trägt der Arbeitgeber nach der bisherigen Handhabung.

Laufzeit

Diese Vereinbarung ist zweckbefristet und läuft, bis die Verhandlungen zur Betriebsvereinbarung Dienstplangestaltung abgeschlossen wurden – sei es einvernehmlich durch die Parteien, sei es durch Spruch der Einigungsstelle.

München, den ......

GmbH; Betriebsrat München

Muster 4: Tagesordnung und Beschlussanträge Auskunftserteilung

1. Tagesordnung

1. Beschlussfassung über die Aufforderung an den AG, dem BR bis ...... folgende Unterlagen zur Vorbereitung der Verhandlungen eines Sozialplans vorzulegen: Bilanz 2021, BWA des laufenden Geschäftsjahrs, Liquiditätsberechnung etc ......
2. Beschlussfassung über die außergerichtliche Beauftragung der Kanzlei X, falls der AG die Unterlagen nicht bis zum ...... bereitstellen sollte.
3. Beschlussfassung über die Einleitung eines arbeitsgerichtlichen Verfahrens, falls der AG die Anwaltsfrist verstreichen lassen sollte, mit dem Antrag, dem BR zur Vorbereitung der Verhandlungen eines Sozialplans folgende Unterlagen zur Verfügung zu stellen: Bilanz 2021, BWA des laufenden Geschäftsjahrs, Liquiditätsberechnung etc ......
4. Beschlussfassung über die Beauftragung und Bevollmächtigung der Kanzlei X zur Durchführung des unter Ziffer 3 beschlossenen Beschlussverfahrens.

2. Beschlussfassung

1. Der Betriebsrat hat in seiner Sitzung vom ...... die Aufforderung an den Arbeitgeber, dem Betriebsrat bis ...... folgende Unterlagen zur Vorbereitung der Verhandlungen eines Sozialplans vorzulegen (Bilanz 2021, BWA des laufenden Geschäftsjahrs, Liquiditätsberechnung etc ......) beschlossen.
   ja ... nein ... Enthaltung ...
2. Der Betriebsrat hat in seiner Sitzung am ...... die außergerichtliche Beauftragung der Kanzlei, falls der AG die oben benannten Unterlagen nicht bis zum ...... bereitstellen sollte, beschlossen.
   ja ... nein ... Enthaltung ...
3. Der Betriebsrat hat in seiner Sitzung vom ...... die Einleitung eines arbeitsgerichtlichen Verfahrens mit dem Antrag, dem BR zur Vorbereitung der Verhandlungen eines Sozialplans folgende Unterlagen zur Verfügung zu stellen: Bilanz 2021, BWA des laufenden Geschäftsjahrs, Liquiditätsberechnung etc ......, falls der AG die Anwaltsfrist verstreichen lassen sollte, beschlossen.
   ja ... nein ... Enthaltung ...
4. Der Betriebsrat hat in seiner Sitzung vom ...... die Beauftragung und Bevollmächtigung der Kanzlei Kühne & Kollegen zur Durchführung des unter Ziffer 3 beschlossenen Beschlussverfahrens, beschlossen.
   ja ... nein ... Enthaltung ...

Muster 5: Tagesordnung und Beschlussfassung über das Anrufen der Einigungsstelle

1. Tagesordnung:

Top 1:

Beschlussfassung über das Scheitern der Gespräche über die Angelegenheit „......".

Top 2:

Beschlussfassung über die Einsetzung einer Einigungsstelle mit dem Gegenstand „......".

Top 3:

Beschlussfassung über die Anzahl der Beisitzer der Einigungsstelle sowie der Teilnehmer namentlich auf Seiten des Betriebsrats.

Top 4:

Beschlussfassung über den Vorsitzenden der Einigungsstelle.

2. Beschlussfassung

Zu Top 1:

Der Betriebsratsvorsitzende stellt die ordnungsgemäße Ladung der Mitglieder/Ersatzmitglieder fest. Zudem stellt er die Beschlussfähigkeit fest. Die Anwesenden erklären auf Befragung durch den Vorsitzenden, dass sie ausreichend Zeit hatten, sich auf dieses kurzfristige Thema vorzubereiten.

Der Betriebsrat hat in seiner Sitzung vom ...... beschlossen, die Verhandlungen mit dem Arbeitgeber über das Thema „......" für gescheitert zu erklären.

Beschlussergebnis: ja ... nein ... Enthaltung ...

Zu Top 2:

Der Betriebsratsvorsitzende stellt die ordnungsgemäße Ladung der Mitglieder/Ersatzmitglieder fest. Zudem stellt er die Beschlussfähigkeit fest. Die Anwesenden erklären auf Befragung durch den Vorsitzenden, dass sie ausreichend Zeit hatten, sich auf dieses kurzfristige Thema vorzubereiten.

Der Betriebsrat hat in seiner Sitzung vom ...... die Einsetzung einer Einigungsstelle mit dem Gegenstand „......" beschlossen.

Beschlussergebnis: ja ... nein ... Enthaltung ...

Zu Top 3:

Der Betriebsratsvorsitzende stellt die ordnungsgemäße Ladung der Mitglieder/Ersatzmitglieder fest. Zudem stellt er die Beschlussfähigkeit fest. Die Anwesenden erklären auf Befragung durch den Vorsitzenden, dass sie ausreichend Zeit hatten, sich auf dieses kurzfristige Thema vorzubereiten.

Der Betriebsrat hat in seiner Sitzung vom ...... die Anzahl der Teilnehmer der Einigungsstelle auf insges. X (je Y Beisitzer pro Seite und der Vorsitzende) beschlossen sowie die Teilnehmer namentlich auf Seiten des Betriebsrats durch Beschluss festgelegt auf ...... (Namen der Beisitzer)

Beschlussergebnis: ja ... nein ... Enthaltung ...

Zu Top 4:

Der Betriebsratsvorsitzende stellt die ordnungsgemäße Ladung der Mitglieder/Ersatzmitglieder fest. Zudem stellt er die Beschlussfähigkeit fest. Die Anwesenden erklären auf Befragung durch den Vorsitzenden, dass sie ausreichend Zeit hatten, sich auf dieses kurzfristige Thema vorzubereiten.

Der Betriebsrat hat in seiner Sitzung vom ...... beschlossen, als Einigungsstellenvorsitzenden Herrn „......" zu benennen.

Beschlussergebnis: ja ... nein ... Enthaltung ...

Muster 6: Anschreiben an den Arbeitgeber

Sehr geehrte Damen und Herren,

der Betriebsrat hat in seiner Sitzung vom ...... den Beschluss gefasst, die Verhandlungen über „......" (Bsp. Betriebsvereinbarung SAP) für gescheitert zu erklären. Gleichzeitig hat der Betriebsrat den Beschluss gefasst, in der Angelegenheit „......" (Bsp. Betriebsvereinbarung SAP) die Einigungsstelle anzurufen.

Der Betriebsrat hat diesbezüglich des Weiteren den Beschluss gefasst, Herrn „......" zum Vorsitzenden der Einigungsstelle zu benennen sowie die Anzahl der Beisitzer auf jeder Seite auf drei Personen festzulegen.

Wir bitten bis zum ...... um zustimmende Mitteilung zur Anrufung der Einigungsstelle unter den oben genannten Konditionen.

Mit freundlichen Grüßen

____

(Betriebsratsvorsitzende/r)

Muster 7: Tagesordnung und Beschlussfassung zur gerichtlichen Einsetzung

1. Tagesordnung

Top 1:

Beschlussfassung über die Einleitung eines Beschlussverfahrens zur Einsetzung der Einigungsstelle (drei Beisitzer pro Seite, Vorsitzender Herr „......") vor dem Arbeitsgericht „......" I. Instanz, mit dem Gegenstand „......" (Bsp. Betriebsvereinbarung SAP)

Top 2:

Beschlussfassung über die Beauftragung und Bevollmächtigung der Kanzlei „......" mit der Einleitung und Durchführung eines Beschlussverfahrens zur Einsetzung der Einigungsstelle (drei Beisitzer pro Seite, Vorsitzender Herr „......") vor dem Arbeitsgericht „......" I. Instanz, mit dem Gegenstand „......" (Bsp. Betriebsvereinbarung SAP)

2. Beschlussfassung

Zu Top 1:

Der Betriebsratsvorsitzende stellt die ordnungsgemäße Ladung der Mitglieder/Ersatzmitglieder fest. Zudem stellt er die Beschlussfähigkeit fest. Die Anwesenden erklären auf Befragung durch den Vorsitzenden, dass sie ausreichend Zeit hatten, sich auf dieses kurzfristige Thema vorzubereiten.

Der Betriebsrat hat in seiner Sitzung vom ...... die Einleitung von Beschlussverfahren zur Einsetzung der Einigungsstelle (drei Beisitzer pro Seite, Vorsitzender Herr „......") vor dem Arbeitsgericht „......" I. Instanz, mit dem Gegenstand „......" (Bsp. Betriebsvereinbarung SAP) beschlossen.

Beschlussergebnis: ja ... nein ... Enthaltung ...

Zu Top 2:

Der Betriebsratsvorsitzende stellt die ordnungsgemäße Ladung der Mitglieder/Ersatzmitglieder fest. Zudem stellt er die Beschlussfähigkeit fest. Die Anwesenden erklären auf Befragung durch den Vorsitzenden, dass sie ausreichend Zeit hatten, sich auf dieses kurzfristige Thema vorzubereiten.

Der Betriebsrat hat in seiner Sitzung vom ...... beschlossen, die Kanzlei „......" mit der Einleitung der Beschlussverfahren vor dem Arbeitsgericht „......" I. Instanz zur Einsetzung der Einigungsstelle (drei Beisitzer pro Seite, Vorsitzender Herr „......") mit dem Gegenstand „......" (Bsp. Betriebsvereinbarung SAP) zu beauftragen und bevollmächtigen.

Beschlussergebnis: ja ... nein ... Enthaltung ...

Muster 8: Anschreiben an den Einigungsstellenvorsitzenden

Sehr geehrter Herr ......,

wie bereits vorab telefonisch mitgeteilt, haben sich die Betriebsparteien der Muster GmbH auf Ihre Person als Vorsitzenden der Einigungsstelle zum Thema Betriebsvereinbarung Dienstplangestaltung geeinigt. Die Einigungsstelle ist mit jeweils drei Personen als Beisitzer auf jeder Seite besetzt. Der Arbeitgeber hat Herrn Rechtsanwalt XYZ und der Betriebsrat Herrn Rechtsanwalt ZYX jeweils zum externen Beisitzer benannt. Diese sind jeweils für ihre Partei zustellungsbevollmächtigt.

Die Einigungsstelle soll in den Räumen des Arbeitgebers tagen. Wir bitten Sie, zeitnah einen ersten Termin zur Verhandlung zu benennen.

Als Anlage übersenden wir den letzten Stand der Verhandlungen zur Betriebsvereinbarung Dienstplangestaltung. Die Anmerkungen und unterschiedlichen Regelungsvorstellungen der Betriebsparteien sind in dem Dokument farblich hinterlegt.

Mit freundlichen Grüßen

____

Muster 9: Tagesordnung und Beschlussfassung zur Benennung eines Rechtsanwalts als Beisitzer

1. Tagesordnung

Beschlussfassung über die Benennung des Herrn Rechtsanwalt XYZ als externen Beisitzer für die Einigungsstelle zum Thema Betriebsvereinbarung Dienstplangestaltung.

2. Beschlussfassung

Der Betriebsratsvorsitzende stellt die ordnungsgemäße Ladung der Mitglieder/Ersatzmitglieder fest. Zudem stellt er die Beschlussfähigkeit fest. Die Anwesenden erklären auf Befragung durch den Vorsitzenden, dass sie ausreichend Zeit hatten, sich auf dieses kurzfristige Thema vorzubereiten.

Der Betriebsrat hat in seiner Sitzung vom ...... den Beschluss gefasst, Herrn Rechtsanwalt XYZ als externen Beisitzer für die Einigungsstelle zum Thema Betriebsvereinbarung Dienstplangestaltung zu bestimmen.

Beschlussergebnis: ja ... nein ... Enthaltung ...

Muster 10: Beschlussfassung über die Beauftragung eines Rechtsanwalts als Verfahrensbevollmächtigter

1. Tagesordnung

Beschlussfassung über die Benennung des Herrn Rechtsanwalt XYZ zum Verfahrensbevollmächtigten gemäß §§ 40, 80 Abs. 3 BetrVG für die Einigungsstelle zum Thema Betriebsvereinbarung Dienstplangestaltung.

2. Beschlussfassung

Der Betriebsratsvorsitzende stellt die ordnungsgemäße Ladung der Mitglieder/Ersatzmitglieder fest. Zudem stellt er die Beschlussfähigkeit fest. Die Anwesenden erklären auf Befragung durch den Vorsitzenden, dass sie ausreichend Zeit hatten, sich auf dieses kurzfristige Thema vorzubereiten.

Der Betriebsrat hat in seiner Sitzung vom ...... den Beschluss gefasst, Herrn Rechtsanwalt XYZ als Verfahrensbevollmächtigten gemäß §§ 40, 80 Abs. 3 BetrVG für die Einigungsstelle zum Thema Betriebsvereinbarung Dienstplangestaltung zu bestimmen.

Beschlussergebnis: ja ... nein ... Enthaltung ...

Muster 11: Befangenheitsantrag

Antrag an die Einigungsstelle

Der Betriebsrat stellt den Antrag, den Vorsitzenden der Einigungsstelle, Herrn Max Muster, wegen Befangenheit abzulehnen.

Begründung:

Der Vorsitzende der Einigungsstelle, Herr Max Muster, hat mit Datum vom ...... bei den Verfahrensbevollmächtigten angefragt, ob der weitere Termin zur Verhandlung vor der Einigungsstelle am 16. Dezember 2022 terminlich möglich sei. Dies wurde vom Arbeitgeber bestätigt, vom Betriebsrat jedoch negiert. Der externe Beisitzer des Betriebsrats hatte diesbezüglich vorgetragen, an diesem Tag durch einen Kammertermin vor dem Landesarbeitsgericht bereits eingebunden zu sein, der Beisitzer Müller gab an, an diesem Tag aufgrund eines Fortbildungsseminars für Betriebsräte abwesend zu sein. Trotz dieser Veränderungen hat der Vorsitzende der Einigungsstelle den Termin für den 16. Dezember 2014 festgelegt. Gleichzeitig hatten die Beisitzer des Betriebsrats andere mögliche Verhandlungstermine genannt. Hierauf ist nicht eingegangen worden.

Aufgrund der Handlungen des Vorsitzenden der Einigungsstelle hält der Betriebsrat diesen für befangen. Der Vorsitzende der Einigungsstelle ist in keiner Weise auf die Anregungen der Beisitzer auf Seiten des Betriebsrats eingegangen und hat lediglich in einseitigem Interesse des Arbeitgebers den Termin festgelegt. Die Beisitzer des Betriebsrats sehen daher den Vorsitzenden der Einigungsstelle nicht mehr als neutrale unbefangene Person an.

Muster 12: Antrag auf Prüfung der Zuständigkeit

Antrag an die Einigungsstelle

Die Beisitzer auf Seiten des Gesamtbetriebsrats beantragen die Prüfung der Zuständigkeit der Einigungsstelle.

Begründung:

Durch den Arbeitgeber wurde die Einigungsstelle zum Thema Gesamtbetriebsvereinbarung Dienstplangestaltung mit den Betriebsparteien Gesamtbetriebsrat und Arbeitgeber angerufen. Der Gesamtbetriebsrat hat in rechtlicher Hinsicht erhebliche Zweifel, ob die Einigungsstelle für den Regelungsgegenstand einer Dienstplangestaltung zuständig ist. Einen Übertragungsbeschluss im Sinne von § 50 Abs. 2 BetrVG der örtlichen Betriebsräte liegt nicht vor. Bisher wurde seitens des Arbeitgebers in keiner Weise vorgetragen, warum die Dienstplangestaltung eine Angelegenheit ist, die zwingendermaßen im gesamten Unternehmen einheitlich durchgeführt werden muss und nicht durch die örtlichen Betriebsräte geregelt werden kann. Die Einigungsstelle möge daher die eigene Zuständigkeit diesbezüglich prüfen.

Muster 13: Antrag auf Abstimmung

Antrag an die Einigungsstelle

Die Beisitzer des Betriebsrats beantragen die Anwesenheit des Personalsachbearbeiters Müller während der Informationsphase der Einigungsstelle. Der Personalsachbearbeiter Müller ist zwar kein Beisitzer der Einigungsstelle, kann aber im Rahmen der Informationsphase Auskünfte erteilen, die für die Einigungsstelle wertvoll sein könnten. Die Einigungsstelle möge hierüber abstimmen.

Muster 14: Antrag auf Vertagung

Antrag an die Einigungsstelle

Die Beisitzer auf Seiten des Betriebsrats beantragen die Vertagung der Einigungsstelle. Die Einigungsstelle hat am heutigen Tag um 9:00 Uhr die Sitzung aufgenommen, nunmehr ist 21:00 Uhr erreicht. Zwei Beisitzer der Einigungsstelle haben für 22:00 Uhr den Rückflug nach München gebucht, so dass eine Vertagung mehr als geboten ist.

Muster 15: Protokoll

Einigungsstelle

der Geschäftsführung und des Betriebsrats

der GmbH

Protokoll

der Sitzung der Einigungsstelle Interessenausgleich/Sozialplan am ......

Teilnehmer:

Für den Arbeitgeber: ......

Für den Betriebsrat: ......

sowie Herr Max Muster als unparteiischer Vorsitzender

Der Vorsitzende eröffnet die Einigungsstelle um 9:00 Uhr und stellt ihre Konstituierung fest.

Der Betriebsrat erklärt, er gehe nach wie vor davon aus, dass der Arbeitgeber eine schleichende Betriebsschließung plane.

Der Arbeitgeber erklärt ausdrücklich, er plane keine Betriebsschließung, er verhandle im Gegenteil, den Betrieb über den 31.12.2022 hinaus aufrecht zu erhalten.

Die Betriebspartner einigen sich über Folgendes:

1. Es wird eine Arbeitsgruppe gebildet.
2. An dieser Gruppe nehmen teil für den Arbeitgeber Herr ...... sowie mindestens ein weiterer Teilnehmer und für den Betriebsrat Herr ......, Herr ...... und Herr .... Die Arbeitsgruppe tagt regelmäßig einmal in den ersten zwei Wochen eines Quartals. In dieser Gruppe wird der Arbeitgeber den Betriebsrat über die aktuelle Entwicklung hinsichtlich des Standorts informieren.
3. Die Arbeitsgruppe informiert die Belegschaft in einer gemeinsamen Mitteilung über die Ergebnisse der jeweiligen Sitzungen.
4. Sollte die Zukunft des Unternehmens bis zum 31.10.2022 nicht geklärt sein, tritt diese Einigungsstelle innerhalb von zwei Wochen zusammen und beginnt mit den Verhandlungen über einen etwaigen notwendigen Interessenausgleich und Sozialplan (die Einigungsstelle hat die Interessenausgleichs- bzw. Sozialplanpflicht zu prüfen).
5. Auf Antrag einer der Betriebspartner kann Herr Max Muster zu einer Sitzung der Arbeitsgruppe hinzugezogen werden.

Der Vorsitzende schließt die Sitzung um 12:30 Uhr.

____

Max Muster

Muster 16: Beweisantrag

Beweisantrag

Die Beisitzer der Einigungsstelle für den Betriebsrat beantragen Folgendes:

Es ist Beweis zu erheben über die Anzahl der im letzten Geschäftsjahr von den Arbeitnehmern geleisteten Überstunden. Dabei ist die Frage zu klären, in welchem Monat wie viele Überstunden sowohl mitarbeiterbezogen als auch abteilungsbezogen angefallen sind. Ebenso ist Beweis zu erheben über die Frage, ob innerhalb des Geschäftsjahrs eine ansteigende oder abfallende Tendenz zu erkennen ist.

Muster 17: Antrag Gutachten

Beweisantrag an die Einigungsstelle

Die Einigungsstelle möge beschließen, einen unabhängigen Arbeitszeitexperten mit der Analyse/Gutachtenerstellung der vom Arbeitgeber vorgelegten Berechnungsmodelle hinsichtlich der Frage zu beauftragen, ob bei der vom Betriebsrat ausgearbeiteten Version eines Arbeitszeitmodells Mehrkosten von ca. 500.000 EUR pro Jahr entstehen würden. Der Arbeitszeitexperte möge dabei von einer durchschnittlichen Beschäftigungsanzahl 300 Mitarbeiter in Vollzeit ausgehen.

Aus Sicht der Beisitzer des Betriebsrats sind die vom Arbeitgeber vorgelegten Zahlen über angebliche Mehrkosten in keiner Weise verifiziert. Die Beisitzer haben sich ebenso die Mühe gemacht und mögliche Mehrkosten errechnet, kommen aber, wie der Einigungsstelle vorgelegt, zum Ergebnis, dass Mehrkosten in keiner Weise entstehen. Die Frage der Mehrkosten ist im Rahmen der Verhandlungen der Betriebsvereinbarung, wie vom Vorsitzenden der Einigungsstelle angemerkt, äußerst relevant. Daher möge ein Arbeitszeitexperte über mögliche Mehrkosten und deren Höhe Auskunft geben.

Muster 18: Antrag Hinzuziehung Zeuge

Antrag an die Einigungsstelle auf Zeugenbefragung

Die Beisitzer auf Seiten des Betriebsrats beantragen die Zeugenbefragung der Arbeitnehmerin Claudia Beispiel aus der Abteilung Personal & Verwaltung. Die Arbeitnehmerin Claudia Beispiel soll zu der Behauptung einvernommen werden, es seien im letzten Geschäftsjahr keine Überstunden angeordnet worden, die Arbeitnehmer/-innen hätten diese vielmehr ohne vorherige Anordnung freiwillig geleistet.

Muster 19: Antrag Hinzuziehung Wirtschaftsprüfungsgesellschaft

Antrag an die Einigungsstelle

Die Einigungsstelle wird nicht darum herumkommen, uns über das Volumen (Dotierung) des Sozialplans zu einigen. Nach § 112 Abs. 5 BetrVG hat die Einigungsstelle bei der Bemessung des Gesamtbetrags der Sozialplanleistungen darauf zu achten, dass der Fortbestand des Unternehmens oder die nach Durchführung der Betriebsänderung verbleibenden Arbeitsplätze nicht gefährdet werden. Auf der anderen Seite sollen die wirtschaftlichen Nachteile der betroffenen Arbeitnehmer ausgeglichen bzw. gemildert werden.

Die Beisitzer des Betriebsrats beantragen die Beauftragung eines Steuerberaters/Wirtschaftsprüfers, der nach der Übermittlung der notwendigen Unterlagen durch den Arbeitgeber der Einigungsstelle folgende Fragen beantwortet:

1. Wie sind die Personalkosten für das Jahr 2022 budgetiert und um welchen Betrag vermindert sich die Summe bei der Reduzierung der geplanten Arbeitsplätze?
2. Welche zusätzlichen Aufwendungen ergeben sich aus der Budgetplanung für die Verlagerung der Arbeitsplätze?
3. Welche finanziellen Mittel stehen dem Unternehmen für einen Sozialplan zur Verfügung, ohne dass der Fortbestand des Unternehmens gefährdet wird?
4. Da davon ausgegangen wird, dass im Unternehmen unterschieden wird zwischen dem Betriebsunternehmen und der Besitzgesellschaft: Kann ggf. durch Veränderung bzw. vorübergehende Veränderung finanzielle Liquidität für den Sozialplan geschaffen werden (zB Veränderung von Mietverträgen, Verkauf von Grundstücken)?
5. Welche Mittel sind für 2022 für Investitionen vorgesehen und welche Investitionen können ggf. gestreckt bzw. verschoben werden ohne dass der Fortbestand des Unternehmens bzw. die verbleibenden Arbeitsplätze gefährdet werden?
6. Welcher Kreditrahmen steht dem Unternehmen zur Verfügung und wie wird er ausgeschöpft und abgesichert?

Muster 20: Vorläufige Regelung Dienstplan

Einigungsstelle

der Geschäftsführung und des Betriebsrats

der GmbH

Protokoll

der Sitzung der Einigungsstelle

Dienstplan Juni 2022 am ……

Teilnehmer:

Für den Arbeitgeber: ……

Für den Betriebsrat: ……

sowie Herr Max Muster als unparteiischer Vorsitzender

Der Vorsitzende eröffnet die Einigungsstelle um 13:00 Uhr und stellt ihre Konstituierung fest.

Der Arbeitgeber stellt das Unternehmen vor. Der Betriebsrat erhält Gelegenheit, seine Sicht der Sach- und Rechtslage darzustellen.

Die Betriebspartner verhandeln sodann den Dienstplan Juni 2022.

Die Betriebspartner einigen sich auf folgende Lösung:

1. Die Dienstpläne Juni/Juli 2022 werden mit folgenden Vorgaben gestaltet:
   a) Der Dienstplan Juni 2022 wird auf Grundlage des Vorschlags vom 20.5.2022 geplant.
   b) Es wird für Juni keine zusätzliche Mittelschicht geplant. Die Betriebspartner werden für Juli über die Einführung einer weiteren Schicht verhandeln.
   c) Der Betriebsrat wird nicht widersprechen, wenn Abweichungen der Ist- von der Sollstärke geplant werden.
   d) Leiharbeiter können weiterhin wie bisher maximal sechs Tage eingeteilt werden, es müssen aber zwischen zwei Blöcken mindestens zwei Tage frei geplant werden.
   e) Der Arbeitgeber wird das Mitbestimmungsrecht des Betriebsrats bei der Anordnung von Überstunden und der Rufbereitschaft sowie bei der Änderung des Dienstplans beachten. Ist der Betriebsrat nicht erreichbar, wird der Betriebsrat unverzüglich nachträglich informiert.
2. Der Betriebsrat erhält die Kundenauftragsanfragen rechtzeitig.
3. Der Dienstplan Juni 2022 wird bis 27.5.2022, 8:00 Uhr dem Betriebsrat vorgelegt, dieser wird bis 11:00 Uhr Stellung nehmen und sodann mit dem Arbeitgeber über den Dienstplan beraten und schließlich Beschluss fassen.
4. Für den Dienstplan Juli 2022 wird dieser vom Arbeitgeber entwickelt, mit dem Betriebsratsvorsitzenden (bzw. dessen Vertreter) abgestimmt und sodann dem Betriebsrat zur Genehmigung vorgelegt.
5. Der Betriebsrat wird bis zum 31.7.2022 vortragen, ob und ggf. aus welchem Grund der Dienstplan Juni 2022 problembehaftet ist. Der Betriebsrat erhält Auskünfte über die Qualitätsparameter des Monats Juni.

Ein weiterer Termin wird auf Antrag der Betriebspartner bestimmt werden.

Der Vorsitzende schließt die Sitzung um 19:30 Uhr.

München, den ......

____

Unterschrift

Muster 21: Tagesordnung und Beschlussfassung zur Beschlussanfechtung

Tagesordnung

1. Beschlussfassung über Einleitung eines Beschlussverfahrens zur Anfechtung des Einigungsstellenspruchs vom 30. Juni 2022 zum Thema Arbeitszeitmodelle.
2. Beschlussfassung über die Beauftragung und Bevollmächtigung der Anwaltskanzlei zur Einleitung eines Beschlussverfahrens beim Arbeitsgericht zur Anfechtung des Einigungsstellenspruchs vom 30. Juni 2022 zum Thema Arbeitszeitmodelle.

Beschlussfassung

1. Der Betriebsratsvorsitzende stellt die ordnungsgemäße Ladung der Mitglieder/Ersatzmitglieder fest. Zudem stellt er die Beschlussfähigkeit fest. Die Anwesenden erklären auf Befragung durch den Vorsitzenden, dass sie ausreichend Zeit hatten, sich auf dieses kurzfristige Thema vorzubereiten.
   Der Betriebsrat hat in seiner Sitzung vom ...... beschlossen, den Spruch der Einigungsstelle zum Thema Arbeitszeitmodelle vom 30. Juni 2022 gerichtlich anzufechten.
   Beschlussergebnis: ja ... nein ... Enthaltung ...
2. Der Betriebsratsvorsitzende stellt die ordnungsgemäße Ladung der Mitglieder/Ersatzmitglieder fest. Zudem stellt er die Beschlussfähigkeit fest. Die Anwesenden erklären auf Befragung durch den Vorsitzenden, dass sie ausreichend Zeit hatten, sich auf dieses kurzfristige Thema vorzubereiten.
   Der Betriebsrat hat in seiner Sitzung vom ...... beschlossen, die Anwaltskanzlei zur Einleitung des Beschlussverfahrens vor dem Arbeitsgericht mit dem Ziel den Spruch der Einigungsstelle zum Thema Arbeitszeitmodelle vom 30. Juni 2022 anzufechten zu beauftragen und bevollmächtigen.
   Beschlussergebnis: ja ... nein ... Enthaltung ...

Muster 22: Tagesordnung und Beschlussfassung zur Feststellung der Nichtanwendung

Tagesordnung

1. Beschlussfassung über Einleitung eines Beschlussverfahrens mit der Feststellung, dass die GBV „Gleitzeit" auf die Mitarbeiter am Standort x keine Anwendung findet.
2. Beschlussfassung über die Beauftragung und Bevollmächtigung der Anwaltskanzlei zur Einleitung eines Beschlussverfahrens beim Arbeitsgericht mit dem Antrag auf Feststellung, dass die GBV „Gleitzeit" für die Mitarbeiter am Standort x keine Anwendung findet.

Beschlussfassung

1. Der Betriebsratsvorsitzende stellt die ordnungsgemäße Ladung der Mitglieder/Ersatzmitglieder fest. Zudem stellt er die Beschlussfähigkeit fest. Die Anwesenden erklären auf Befragung durch den Vorsitzenden, dass sie ausreichend Zeit hatten, sich auf dieses kurzfristige Thema vorzubereiten.
   Der Betriebsrat hat in seiner Sitzung vom ...... die Einleitung eines Beschlussverfahrens mit der Feststellung, dass die GBV „Gleitzeit" auf die Mitarbeiter am Standort x keine Anwendung findet, beschlossen.
   Beschlussergebnis: ja ... nein ... Enthaltung ...
2. Der Betriebsratsvorsitzende stellt die ordnungsgemäße Ladung der Mitglieder/Ersatzmitglieder fest. Zudem stellt er die Beschlussfähigkeit fest. Die Anwesenden erklären auf Befragung durch den Vorsitzenden, dass sie ausreichend Zeit hatten, sich auf dieses kurzfristige Thema vorzubereiten.
   Der Betriebsrat hat in seiner Sitzung vom ...... die Beauftragung und Bevollmächtigung der Anwaltskanzlei zur Einleitung eines Beschlussverfahrens beim Arbeitsgericht mit dem Antrag auf Feststellung, dass die GBV „Gleitzeit" für die Mitarbeiter am Standort x keine Anwendung findet, beschlossen.
   Beschlussergebnis: ja ... nein ... Enthaltung ...